MONOLOG IN DER BADEWANNE

ERICH KÄSTNER

ÜBER DIE MÄNNER

Herausgegeben von Sylvia List

Atrium Verlag · Zürich

MIX
Papier aus verantwor-
tungsvollen Quellen
FSC® C014496
www.fsc.org

Erstausgabe
1. Auflage 2019
© Atrium Verlag AG, Zürich 2019
© Thomas Kästner: *Die missglückte Auferstehung, Melchior hat Pech bei Frauen, Arthur spricht ein Fräulein an, Es gibt noch Don Juans, Verkehrt hier ein Herr Stobrawa?, Zweikampf auf Umwegen, Arthur ärgert alle Leute, Ferdi Kulp, der Strolch auf Widerruf, Kleine Besäufnis, Ein Menschenleben, Briefe an mich selber. Der erste Brief, Alter Herr, anno 1970.*

Umschlagillustration: Christoph Niemann, 2019
Satz: Greiner & Reichel, Köln
Druck und Bindung: GGP Media GmbH, Pößneck
Printed in Germany
ISBN 978-3-85535-036-0

www.atrium-verlag.com

Inhalt

Man ist ein Mann

»Man ist ein Mann«, sagt Erich Kästner und nicht etwa »Mann ist Mann« wie sein Schriftstellerkollege Bertolt Brecht. Nein, hier geht es nicht um die Austauschbarkeit der Männer, sondern um ihre Verschiedenheit und ihre Eigenarten, kurz, um die Vielfalt männlicher Charaktere und Verhaltensweisen.

Schon die prägenden Männergestalten in Kästners Kinderzeit hätten kaum unterschiedlicher sein können: hier der Onkel Franz Augustin, dieser berserkerhafte Macho und erfolgreiche Pferdehändler, und da der still-heitere Vater Emil Kästner, dessen ruhige handwerkliche Sorgfalt dem Sohn zum Vorbild wurde (*Das lebensgroße Steckenpferd*).

Eine Hommage an die Familie seiner Mutter, die Augustins, ist auch die Figur des Papa Külz aus *Die verschwundene Miniatur*. Dieser liebenswerte Familienmensch und Fleischermeister, ein Bär von Mann, Oberhaupt einer beachtlich großen Sippe von Fleischern, ist von zu Hause ausgerissen, weil er endlich einmal leben und sich nicht immer nur als Wurstmaschine fühlen wollte. Dass ausgerechnet er vor einer dänischen Aufschnittplatte kapitulieren würde, hätte er sich gewiss nie träumen lassen.

Sich selber sieht und beschreibt Kästner eher als Einzelgänger und Eigenbrötler. Im ersten der *Briefe an mich selber* konstatiert er,

»dass man nirgendwo so allein sein darf wie in den zitternden Häusern der großen Städte«, wobei hinter das »darf« wohl ein kleines Fragezeichen zu setzen wäre. Viele der Gedichte (z. B. *Apropos, Einsamkeit!, Wiegenlied für sich selber, Sentimentale Reise*) zeigen das Alleinsein als eher bedrückende Erfahrung.

Was aber tut man gegen die Einsamkeit, mit der man es schließlich »nicht übertreiben« soll? Man begibt sich auf die Suche nach einem weiblichen Gegenpart. Ein Lösungsversuch, der seine eigenen Probleme birgt. Das Aufeinandertreffen Mann-Frau verläuft ja nie nach Schema F; es gibt vielerlei Möglichkeiten, und Kästner führt eine ganze Reihe davon vor: vom Draufgängertum *(Es gibt noch Don Juans)* bis zum kläglichen Scheitern *(Melchior hat Pech bei Frauen)*, von primitiver Anmache *(Arthur spricht ein Fräulein an)* bis hin zu erotischer Beschwingtheit *(Nachtgesang des Kammervirtuosen)*, von so hartnäckigem wie hoffnungslosem Bemühen *(Der Kümmerer)*, nagender Eifersucht *(Stehgeigers Leiden)* bis zum endgültigen Aus, das mit Schulterzucken aufgenommen werden kann *(Der Geizhals geht im Regen)* oder aber mit Bedauern *(Hotelsolo für eine Männerstimme)* und im Extremfall zum Selbstmord aus Liebeskummer führt *(Marionettenballade)*. Trost findet Mann im Alkohol *(Kleine Besäufnis)*, der aber auch in Momenten der Euphorie Wirkung tut *(Abschied von Salzburg)*.

Dass Kästner bei alledem seinem Geschlecht ein mangelndes Talent zur Treue zuschreibt, mit dem die Frauen nur schwer fertig werden, ist nachzulesen in Paulines kluger Analyse *(Zweikampf auf Umwegen)* und in der meisterhaften Erzählung *Verkehrt hier ein Herr Stobrawa?*. Auf weibliche Treulosigkeit wiederum so zu reagieren wie der Rechtsanwalt Dr. Felix Moll, dürfte nicht jedem gegeben sein. Der versucht, typisch Jurist, seine pathologisch polygame Frau mittels eines Vertrags einzuhegen – eine herrlich bizarre Episode aus *Der Gang vor die Hunde*.

Moll ist nicht der einzige Sonderling im männlichen Personal Kästners in dieser Auswahl. Es treten noch auf *Ferdi Kulp, der Strolch auf Widerruf*, der urlaubsunfähige Buchhalter Klein *(Die missglückte Auferstehung)*, und Arthur, der alle Leute ärgert. Ein Sonderling, wenn auch ein sehr lustiger, ist Onkel Ringelhuth, der seinem Neffen Konrad hilft, den Magen abzuhärten.

Und sonderbar, fast schrullig, ist eigentlich auch der Plan von Geheimrat Tobler, im Grandhotel Kitzbühel als armer Schlucker Eduard Schulze auftreten zu wollen. Aber man sympathisiert mit dieser Maskerade, nicht nur weil man Toblers Motiv nachvollziehen kann, sondern vor allem wegen der daraus entstehenden komischen Verwicklungen. Tobler, ganz Großunternehmer, der davon ausgeht, in diesem Quiproquo die Fäden in der Hand zu haben, wird in *Drei Männer im Schnee* von den Ereignissen bekanntlich fast überrollt werden.

Ein Kaleidoskop unterschiedlichster Männergestalten also, das Kästner, für manche vielleicht unerwartet, als echten Männerversteher zeigt. Ja, wieso auch nicht? Warum sollte er sich denn mit seinesgleichen nicht besser auskennen als mit den »ganz besonders feinen Damen«, über die er so gerne lästerte?

München, Herbst 2018   Sylvia List

Monolog in der Badewanne

Da liegt man nun, so nackt, wie man nur kann,
hat Seife in den Augen, welche stört,
und merkt, aufs Haar genau: Man ist ein Mann.
Mit allem, was dazugehört.

Es scheint, die jungen Mädchen haben recht,
wenn sie – bevor sie die Gewohnheit packt –
der Meinung sind, das männliche Geschlecht
sei kaum im Hemd erträglich. Und gar nackt!

Glücklicherweise steht's in ihrer Hand,
das, was sie stört, erfolgreich zu verstecken.
So früh am Tag, und schon so viel Verstand!
Genug, mein Herr! Es gilt, sich auszustrecken.

Da liegt man, ohne Portemonnaie und Hemd
und hat am ganzen Leibe keine Taschen.
Ganz ohne Anzug wird der Mensch sich fremd …
Da träumt man nun, anstatt den Hals zu waschen.

Der nackte Mensch kennt keine Klassenfrage.
Man könnte, falls man Tinte hätte, schreiben:
»Ich kündige. Auf meine alten Tage
will ich in meiner Badewanne bleiben.«

Da klingelt es. Das ist die Morgenzeitung.
Und weil man nicht, was nach dem Tod kommt, kennt,
schreibt man am besten in sein Testament:
»Legt mir ins kühle Grab Warmwasserleitung!«

Die missglückte Auferstehung

Herr Klein ging am Ostersonnabend mit kurzen hüpfenden Schritten die Ludwigstraße entlang. Er trug einen hellkarierten Sportanzug, einen schwarzen Filzhut und einen niedlichen Rucksack. Ängstlich hielt er hinter seiner Brille Umschau. Aber es lachte ihn niemand aus. – Herr Klein war das erste Mal in München. Ja, Herr Buchhalter Klein befand sich überhaupt das erste Mal auf einer Erholungsreise!

Er ging also die Ludwigstraße entlang. Und fand, dass man, um solche grauen Paläste und solche mit dem Lineal gezogenen Straßenzüge zu sehen, auch sehr gut in Berlin hätte bleiben können. Allerdings – die Theatinerkirche war ganz niedlich. Und der Hofgarten auch. Aber es war doch sehr unpraktisch, nur deswegen so weit zu fahren …

Auf der Brücke vor dem Maximilianeum blieb er stehen und schaute – wie die andern auch – in die lehmbraune, lärmende Isar hinunter. Dann kehrte er um. –

Die freundlichen Wiesenwege des Englischen Gartens waren recht voller Menschen. Herr Klein stand einigermaßen verdutzt vor dem Monopteros und saß dann am Chinesischen Türmchen nieder, um seinem Chef eine Ansichtskarte zu schreiben.

Dann ging er bald in sein Hotel an der Kaufingerstraße, denn er war sehr müde …

Schon frühzeitig saß er am ersten Osterfeiertag in einem schrecklich überfüllten Zug nach Garmisch. Die Landschaft zog trüb und verärgert an den Fenstern entlang. Herr Klein hielt den Regenschirm zwischen den Knien, stützte seinen Kopf auf den Schirmgriff und dachte nach.

Es war reichlich unvernünftig gewesen, dem Drängen des Chefs so ohne weiteres nachzugeben. Aber schließlich, war Herr Steinkopf nicht beinahe zudringlich geworden? »Herr Klein«, hatte er gesagt, »Sie müssen mich den ganzen Sommer über vertreten. Denn auf wen soll ich mich sonst verlassen, ja? Also fahren Sie geschwind drei Wochen in die bayrischen Alpen. Denn der Sommer wird harte Arbeit bringen …«

Mein Gott! Wer weiß, wie es jetzt im Büro drunter und drüber ging! Der Ehrenberg würde sicher viel zu nachlässig arbeiten.

In Garmisch regnete es. Und Herr Klein sah beim besten Willen nichts weiter als etliche Villenstraßen, die von einer grauweiß wallenden Nebelmauer umzingelt waren. Herr Klein spannte den Regenschirm auf und ging mit kurzen hüpfenden Schritten durch den frostigen Kurort …

Entsetzlich! Hier sollte er drei Wochen wohnen? Nicht um die Welt! Wenn er wenigstens die Pelzweste mitgebracht hätte, wie ihm die Wirtschafterin zugeredet hatte! Es war fürchterlich kühl in diesen Bergen, die man nicht sah, wenn man nicht gerade vor einem Postkartenladen stehen blieb.

Nach mancherlei Umwegen und bereits erkältet kam Herr Klein zum Bahnhof zurück, setzte sich in die Wirtschaft und spannte den Schirm zum Trocknen auf. Er aß etwas, machte sich Notizen in seinen Block, rechnete aus, was er bis jetzt ausgegeben habe, und fuhr, als der Regen nachließ, mit der Kleinbahn nach Niedergrainau.

Links und rechts unerbittliche Nebelwände. Herr Klein marschierte mit kurzen hüpfenden Schritten zwischendurch und fröstelte. Er stieß den Schirm herzhaft gegen den Boden und versuchte zu singen. Aber es machte ihm keine Freude. Eigentlich fiel ihm auch gar nichts ein, was auf seine Situation gepasst hätte.

Am Eibsee setzte er sich in die Veranda des Hotels und schaute in den flatternden Nebel hinaus. Voller Erwartungen, die sich nicht zu erfüllen schienen. Er zählte bis drei. Er ließ sich vom Kellner belehren, dass der Nebel unmöglich lange anhalten könne.

Aber der Nebel hielt trotz des Kellners an. Auch das Zählen blieb ohne Wirkung. –

Die Zugspitze pflege sonst da drüben sichtbar zu sein! Herr Klein starrte ehrfurchtsvoll nach links hinüber. Nach einem fast schwarzen Nebelfleck, auf den der Kellner mit dem Finger wies. So, dort dahinter.

Am Abend war Herr Klein schon wieder in München. Und es regnete noch immer. Am zweiten Feiertag war er schon wieder in Berlin.

Dienstag früh ging der Buchhalter Klein durch die Stadt. Und ohne dass er sich übermäßig gewundert hätte, fand er sich plötzlich in der Kommandantenstraße. Vor dem Büro.

Aber er kehrte wieder um; denn er war noch sehr erkältet.

Doch am Mittwoch war er endlich wieder in seinem Geschäftszimmer. Die andern Angestellten waren sehr verwundert. Sie schüttelten die Köpfe und versicherten einander, wie forsch sie losgezogen wären! Solch einen Urlaub hätte man ihnen einmal anbieten sollen – Und Herr Steinkopf, der Chef, verstand erst nach längerer Unterhaltung, wieso Klein schon wieder zurück wäre. »Nja«, sagte Herr Steinkopf und zog ernst an seiner Zigarre, »nja, Klein, da wollen Sie also allen Ernstes gleich wieder mit der Arbeit anfangen?«

»Wenn ich darum bitten dürfte, Herr Steinkopf«, sagte Buchhalter Klein.

»Nja, aber mit dem größten Vergnügen, Klein! Sie sind vielleicht ein komischer Kerl! – Will keine Ferien haben!«

Herr Klein sah vor sich hin und sagte leise, als ob er das eben erst erkannte: »Die Ferien sind zehn Jahre zu spät gekommen ...«

»'n Morgen!«, knurrte der Chef und ging ins Privatkontor.

»Guten Morgen, Herr Steinkopf!«, sagte Klein.

Und sah die Post durch.

Franz Augustin wird Millionär

Die Hechtstraße war eine schmale, graue und übervölkerte Straße. Hier hatten, weil die Läden billig waren, Onkel Franz und Onkel Paul als junge Fleischermeister begonnen, ihr Leben zu meistern. Und obwohl die beiden einfenstrigen Geschäfte, nur durch die Fahrstraße getrennt, einander gegenüberlagen und die zwei Inhaber gleicherweise Augustin hießen, geriet man sich nicht in die Haare. Beide Brüder waren geschickt, fleißig, munter und beliebt, ihre Jacken und Schürzen blütenweiß und ihre Wurst, ihr Fleischsalat und ihre Sülze vorzüglich. Tante Lina und Tante Marie standen von früh bis spät hinter ihren Ladentischen, und manchmal winkten sie einander, über die Straße hinweg, fröhlich zu.

Tante Marie hatte vier Kinder, darunter den von Geburt an blinden Hans. Er war immer fidel, aß und lachte gern und kam, als Tante Marie, seine Mutter, starb, in die Blindenanstalt. Dort wurde er im Korbflechten und als Klavierstimmer ausgebildet und, noch sehr jung, von Onkel Paul mit einem armen Mädchen verheiratet, damit er jemanden hatte, der sich um ihn kümmere. Denn der Vater selber hatte für den Sohn mit den blinden, pupillenlosen Augen keine Zeit.

Die drei ehemaligen Kaninchenhändler – auch der älteste, der Robert Augustin in Döbeln – waren robuste Leute. Sie dachten nicht an sich, und an andre dachten sie schon gar nicht. Sie dachten nur ans Geschäft. Wenn der Tag achtundvierzig Stunden gehabt hätte, hätten sie vielleicht mit sich reden lassen. Dann wäre womöglich ein bisschen Zeit für Nebensachen und Kleinigkeiten übriggeblieben, wie für ihre Frauen, Kinder, Brüder und Schwestern oder für ihre eigene Gesundheit.

Doch der Tag hatte nur vierundzwanzig Stunden, und so waren sie rücksichtslos. Sogar gegen ihren Vater. Er litt an Asthma, besaß kein Geld und wusste, dass er bald sterben würde. Doch er war zu stolz, um seine drei ältesten Söhne um Hilfe zu bitten. Er entsann sich wohl auch des Sprichworts, ein Vater könne leichter zwölf Kinder ernähren als zwölf Kinder einen Vater.

Die Döbelner Schwestern, arm wie die Kirchenmäuse, schrieben meiner Mutter, wie schlimm es um meinen Großvater stehe. Meine Mutter lief in die Hechtstraße und beschwor ihren Bruder Franz, etwas zu tun. Er versprach es ihr und hielt sein Wort. Er schickte ein paar Mark per Postanweisung und eine Ansichtskarte mit herzlichen Grüßen und besten Wünschen für die väterliche Gesundheit. Das heißt: Er schrieb die Karte nicht etwa selbst! Das erledigte seine Frau. Der Sohn hatte für den Gruß an den Vater keine Zeit. Zum Begräbnis des alten Mannes, kurz darauf, reiste er allerdings persönlich. Da ließ er sich nicht lumpen. […]

Franz Augustin und Paul Augustin residierten in der Hechtstraße auch noch, nachdem sie ihre Fleischerläden mit Gewinn verkauft hatten und endgültig Pferdehändler geworden waren. In den Hinterhöfen war für Pferdeställe Platz genug, für Onkel Paul schon gar, weil er nur Warm- und Vollblüter kaufte und verkaufte, nur Kutsch- und Reitpferde, nur das Feinste vom Feinen. Schon nach wenigen Jahren durfte er sich ›Königlicher Hoflieferant‹ nennen. Er ließ den Titel auf das Firmenschild überm Haustor malen und war nun etwas ähnlich Nobles wie der Hofjuwelier. Dieser handelte nur mit den schönsten Brillanten und Perlen, und Onkel Paul bot die edelsten Pferde an. Dafür genügten ihm zehn Ställe. Manchmal kam der König selber! Stellt euch das vor! In die schmale, mickrige Hechtstraße! Mit den Prinzen und dem Hofmarschall und dem Leibjäger! Zu meinem Onkel Paul!

Trotzdem trieb ich mich tausendmal lieber und hundertmal häufiger im Hof und in den Stallungen auf der anderen Straßenseite herum. Onkel Franz war zwar saugrob, und zum Hoflieferanten hätte er bestimmt kein Talent gehabt. Wer weiß, was er Friedrich August III. von Sachsen alles gesagt und wie mächtig er ihm auf die Schulter geklopft hätte! Mindestens der Hofmarschall und der Adjutant à la suite wären in Ohnmacht gefallen. Aber der saugrobe Onkel Franz gefiel mir besser als der hochnoble Onkel Paul, den die Geschwister aus Jux ›Herr Baron‹ nannten. Und zwischen seinen Knechten und Pferden fühlte ich mich wie zu Hause.

In den braunen Holzställen, die sich an den Längsseiten des schmalen Hofs hinzogen, war für etwa dreißig Pferde Raum, für die Dänen und Ostpreußen, für die Oldenburger und Holsteiner und für die flämischen Kaltblüter, die gewaltigen Brabanter mit den breiten Kruppen und ihren hellen Riesenmähnen. Zentnerweise schleppten die Knechte Heu, Hafer und Häcksel heran und hektoliterweise, Eimer für Eimer, frisches Wasser. Die Gäule futterten und soffen, dass man nur staunen konnte. Sie stampften mit den klobigen Hufen, peitschten mit den Schweifen die Fliegenschwärme vom Rücken und wieherten einander, von Stall zu Stall, herzliche Grüße zu. Wenn ich näher trat, wandten sie den Kopf und schauten mich, fremd und geduldig, aus ihren unerforschlichen Augen an. Manchmal nickten sie dann, und manchmal schüttelten sie die riesigen Häupter. Aber ich wusste nicht, was sie meinten. Rasmus, der hagere Großknecht aus Dänemark, der kein S sprechen konnte, ging prüfend von Stall zu Stall. Und Onkel Bruno hinkte neben dem dicken Tierarzt geschäftig übers Kopfsteinpflaster. Der dicke Tierarzt kam oft.

Pferde haben ähnliche Krankheiten wie wir. Manche, wie Influenza und Darmkolik, haben den gleichen Namen, andre heißen Druse, Mauke, Rotz und Spat, und alle miteinander sind sehr gefährlich. Wir sterben nicht an Husten, Schnupfen, Halsschmerzen, Mumps oder Bauchgrimmen. Bei den Pferden, diesen vorgeschichtlichen Vegetariern, ist das gar nicht so sicher. Sie fressen zu nasses Heu, und schon blähen sich ihre Bäuche wie Ballons, schon wühlen Schmerzen wie Messer im Leib, schon können sich die Därme verschlingen, und der Tod klopft an die Stalltür. Sie sind erhitzt und saufen zu kaltes Wasser, und bald beginnen sie zu husten, die Drüsen schwellen, die Nüstern triefen, das Fieber steigt, die Bronchien rasseln, die Augen werden stumpf, und schon wieder hebt der Tod den Knöchel. Manchmal kam der dicke Tierarzt beizeiten. Manchmal kam er zu spät. Dann rumpelte der Wagen des Abdeckers in den Hof und holte den Kadaver fort. Die Haut, die Hufe und das Rosshaar waren noch zu gebrauchen.

Das Ärgste an solch einem Pferdetod war der Geldverlust. Im Übrigen hielt sich der Schmerz in Grenzen, und das war kein Wun-

der. Die Pferde gehörten ja nicht zur Familie. Eher glichen sie vier-
beinigen Hotelgästen, die, ein paar Tage und mit voller Verpfle-
gung, in Dresden übernachteten. Dann ging die Reise weiter, auf ein
Rittergut, zu einer Brauerei, in eine Kaserne, je nachdem. Oder, mitunter, zur Abdeckerei. Hoteliers weinen nicht, wenn ein Gast stirbt.
Man trägt ihn heimlich über die Hintertreppe.

Die ungemütliche, kleinbürgerlich möblierte Wohnung lag über
dem Fleischerladen, worin längst ein anderer Meister Koteletts
hackte und mit der Breitseite des Beils flachklopfte. In der Wohnung regierte Frieda, das schmale Mädchen aus dem Erzgebirge,
das stille und energische Dienstmädchen. Frieda kochte, wusch,
putzte und vertrat an meiner Kusine Dora Mutterstelle. Denn die
Mutter selber, Tante Lina, hatte keine Zeit für ihr Kind.
    Sie war, ohne jede kaufmännische Vorbildung, Geschäftsfüh-
rerin geworden und saß von früh bis spät im Büro. Mit Schecks,
Lieferantenrechnungen, Steuern, Löhnen, Wechselprolongationen,
Krankenkassenbeiträgen, Bankkonten und ähnlichen Kleinigkeiten gab sich Onkel Franz nicht ab. Er hatte gesagt: »Das erledigst
du!«, und so erledigte sie es. Hätte er gesagt: »Spring heute Abend
um sechs von der Kreuzkirche!«, wäre sie gesprungen. Womöglich
hätte sie, droben auf dem Turm, einen Zettel hinterlassen. »Lieber
Franz! Entschuldige, dass ich acht Minuten zu spät springe, aber
der Bücherrevisor hielt mich auf. Deine Dich liebende Gattin Lina.«
Glücklicherweise kam er nicht auf die Idee, sie springen zu lassen.
Sonst hätte er ja seine Prokuristin verloren! Das wäre dumm von
ihm gewesen, und dumm war er nicht, mein Onkel Franz.

Das Büro, es hieß noch Comptoir, befand sich am Ende des Hofs, zwischen den Stallzeilen, im Erdgeschoss eines kleinen Hintergebäudes. Hier diente und herrschte Tante Lina. Hier am Schreibtisch handelte sie mit Lieferanten. Hier holten die Knechte ihren Wochenlohn. Hier stellte sie Schecks aus. Hier führte sie Buch. Hier prüfte der Revisor ihre Eintragungen. An der Rückwand stand der Panzerschrank, und nur die Tante hatte die Schlüssel dazu. Schlüsselbund und Geldtasche baumelten an ihrer Schürze. Den Bleistift steckte sie schräg in die Frisur. Sie war resolut und ließ sich nichts vormachen. Ein einziger Mensch auf der Welt verursachte ihr Herzklopfen, der »Herr«. So nannte sie ihn, wenn er nicht dabei war. War er im Zimmer oder am Telefon, sagte sie »Franz« zu ihm. »Ja, Franz.« »Natürlich, Franz.« »Gewiss, Franz.« »Selbstverständlich, Franz.« Dann klang ihre sonst recht energische Stimme wie die eines Schulmädchens.

Wenn er sie brauchte, brüllte er, wo er ging oder stand, nur das Wort »Frau!«. Und schon rief sie »Ja, Franz?«, und rannte, als gelte es ihr Leben. Dann brauchte er nur noch zu sagen: »Heute Nacht fahr ich mit Rasmus nach Flensburg zum Markt. Gib mir zwanzigtausend Mark mit! In Hundertmarkscheinen!« Noch im Weglaufen band sie die Schürze ab. Und eine Stunde später war sie von der Bank zurück. Mit zweihundert Hundertmarkscheinen. Später, als sie in der »Villa« wohnten, rannte ich statt ihrer. Doch meine Bankbotenzeit gehört noch nicht hierher.

Wenn Onkel Franz von den Märkten und Auktionen zurückkam, wenn die Pferde an der Rampe des Neustädter Güterbahnhofs aus-

geladen und von den unterwegs gemieteten Knechten den Damm-
weg entlang und über den Bischofsplatz in die Hechtstraße geführt
worden waren, begann des Onkels große Zeit. Erst mussten sich
die Gäule herausfuttern, denn die Reise in den Güterwagen und der
Klimawechsel hatten die lebende Ware strapaziert.

Doch schon ein paar Tage später drängten sich die Kunden
im Hof wie auf einem Jahrmarkt. Lauter imposante Leute mit be-
trächtlichem Pferdeverstand und dicken Brieftaschen. Offiziere mit
ihren Wachtmeistern, Rittergutsbesitzer, Großbauern, Brauereidi-
rektoren, Spediteure, Herren von der städtischen Müllabfuhr und
der Pfund'schen Molkerei – man hatte den Eindruck, hier würden
keine Pferde, sondern dicke Männer verkauft! Onkel Bruno hinkte,
mit einer Kiste Zigarren, von einem zum andern und bot Havannas
an. In den Fenstern der umliegenden Hinterhäuser lehnten neu-
gierige Frauen und Kinder, genossen das Schauspiel und warteten
auf den Hauptdarsteller, auf Franz Augustin, den Herrn der Pferde.
Und wenn er dann auftrat, wenn er lächelnd durch die Toreinfahrt
kam, die Zigarre im Mund, den dicken Stock aus Bambus schwin-
gend, die braune Melone flott und etwas schief auf dem Kopf, wussten auch die, die ihn noch nie gesehen hatten, sofort: »Das ist er!
Der wird mich hineinlegen, und ich werde mir noch einbilden, er
hätte mir den Fuchswallach geschenkt!« Gegen diesen Mann, gegen
so viel selbstgewisse Kraft und heitere Selbstverständlichkeit war
kein Kraut gewachsen. Wo er sich, nach einigem Händeschütteln
und Schulterklopfen, gelassen und vierschrötig aufpflanzte, dort
war die Mitte, und alles hörte auf sein Kommando: die Knechte, die
Pferde und die Kunden!

Die Tiere wurden, eines nach dem andern, in allen Gangarten gemustert. Die Knechte hatten die Pferde kurz am Halfter und rannten mit ihnen, hin und her und wieder hin und her, über den Hof. Besonders eigenwillige Gäule wurden von Rasmus vorgeführt. An seiner Hand trabten auch die hartmäuligsten Krippensetzer fromm wie die Lämmer. Manchmal knallte Onkel Franz mit der Peitsche. Meistens wedelte er nur mit seinem großen weißen Taschentuch. Er konnte das wie ein Varietékünstler. Das Taschentuch knatterte wie eine Fahne im Wind und brachte die faulsten Rösser in Fahrt.

War ein Pferd gemustert worden, traten die Interessenten näher und begutachteten das Gebiss und die Fesseln. Der Onkel nannte den Preis und ließ nicht lange mit sich handeln. Dann wurde der Kauf durch Handschlag besiegelt, dass es nur so klatschte. Mir taten vom bloßen Zuhören die Handflächen weh. Tante Lina zog den Bleistift aus der Frisur und notierte den Käufer. Es war kaum nötig, denn der Handschlag galt wie ein Eid. Wer eine solche Abrede nicht eingehalten hätte, wäre als Geschäftsmann erledigt gewesen. Das konnte sich keiner leisten.

Manchmal hatte der Onkel so viele Pferde mitgebracht, dass er über die Hälfte in fremden Ställen unterbringen musste: bei seinem Bruder Paul und bei seinem Freunde, dem Kommissionsrat Gäbler. Dann dauerte die Musterung tagelang, und in der Kneipe im Vorderhaus ging es hoch her. Den Zigarrenqualm hätte man nicht einmal mit der Gartenschere zerschneiden können. Der Lärm und das wilde Gelächter quollen bis auf die Straße. Onkel Franz trank wie ein Bürstenbinder und behielt einen klaren Kopf. Onkel Bruno war schon nach dem vierten Schnaps blau wie ein Veilchen. Und

Tante Lina trank gar nichts, sondern kassierte, still und beharr-lich, Hundert-, Fünfhundert- und Tausendmarkscheine. Die dicken Brieftaschen ringsum magerten zusehends ab. Die Tante schrieb Quittungen, steckte den Kopierstift wieder in die Frisur und brach-te die Geldbündel in den Panzerschrank. Ins Comptoir hinten im Hof.

»Der Franz Augustin«, sagten die Leute, »verdient sich noch dumm und dämlich!« Dumm und dämlich? Da kannten sie ihn schlecht. Aber sie meinten es wohl auch nicht ganz wörtlich. Insgeheim wa-ren sie sogar recht stolz auf ihn. Hier bewies einer der Welt, dass man es auch in der Hechtstraße zum Millionär bringen konnte! Das rechneten sie ihm hoch an. Sein Erfolg war ihr Märchen. Und sie dichteten es weiter. »Wer so reich geworden ist«, sagten sie, »der muss seinen Reichtum zeigen! Er braucht einen Palast. Er muss aus der Hechtstraße fort, das ist er der Hechtstraße schuldig.« »So ein Quatsch!«, knurrte Onkel Franz. »Mir genügt unsre Wohnung über dem Fleischerladen. Ich bin ja sowieso fast nie zu Hause.« Doch das Hechtviertel war stärker als er. Und schließlich gab er nach.

Er kaufte das Haus Antonstraße 1. »Haus« ist nicht ganz das richtige Wort. Es handelte sich um eine zweistöckige, geräumige Villa mit einem schattigen Garten, der fast ein Park war und mit der Schmalseite an den Albertplatz grenzte. An den Albertplatz, der zu meinem Schulweg gehörte. An diesen geschäftigen und trotzdem feierlichen Platz mit dem Theater und seinen zwei großen Spring-brunnen, die »Stilles Wasser« und »Stürmische Wogen« hießen.

Zu der großen Villa und dem kleinen Park gehörten, außer den hohen, alten Bäumen, ein Treibhaus, zwei Pavillons und ein Seiten-gebäude mit einem Pferdestall, einer Wagenremise und einer Kut-scherwohnung. In die Kutscherwohnung zog Frieda, die Perle, und wurde zur Wirtschafterin ernannt. Sie erhielt ein Dienstmädchen und einen Gärtner als Hilfe und übernahm die Regierung. Sie be-herrschte, vom ersten Tag an, ihre neuen Pflichten, als sei sie in zweistöckigen Villen aufgewachsen. Tante Lina tat sich schwerer. Sie wollte keine Gnädige Frau werden, und sie wurde keine. Sie und Frieda stammten aus dem Erzgebirge, und ihre Väter waren im glei-chen Steinkohlenbergwerk Häuer gewesen.

Von der Königsbrücker Straße 48 bis zur Antonstraße 1 war es ein Katzensprung. Und da sich Tante Lina in ihrer Villa recht fremd fühlte, war sie froh, wenn wir sie besuchten. Bei schönem Wetter kam ich schon nachmittags. Der Onkel saß in irgendeinem Schnell-zug. Die Tante schrieb hinter ihrem Schreibtisch in der Hechtstraße Rechnungen und Quittungen. Dora, die Kusine, war bei einer Schul-freundin eingeladen. Und so gehörten Haus und Garten mir. […]
Auch abends spazierten wir oft in die »Villa«. Vor allem, wenn Onkel Franz verreist war. Dann kam sich Tante Lina, trotz der Dora, so verlassen vor, dass sie selig war, wenn wir ihnen beim Abend-brot im Wohnzimmer Gesellschaft leisteten. Frieda beherrschte die Kunst, belegte Brote herzustellen, in souveräner Manier, und wir hätten sie tief gekränkt, wenn auch nur eine Brotscheibe mit Land-leberwurst oder rohem Schinken übriggeblieben wäre. Da keiner sie verletzen wollte, taten wir unser Möglichstes.
Es waren gemütliche Abende. Überm Sofa hing die genaue Ko-

pie eines Bildes aus der Gemäldegalerie. Es zeigte einen alten Fuhrmann, der neben seinem Pferde steht und eben die Kumtlampe angezündet hat. Der Herr Kunstmaler Hofmann aus Trachau, der eigentlich Impressionist war, hatte, um Geld zu verdienen, das Bild im Zwinger kopiert, und Tante Lina hatte es Onkel Franz zum Einzug geschenkt. »Ein Bild?«, hatte der Onkel naserümpfend bemerkt. »Na meinetwegen, es ist ja ein Pferd drauf!«

Ungemütlicher verliefen die Abende, wenn der Onkel nicht auf Reisen war. Nicht etwa, dass er daheim gewesen wäre, behüte! Er saß in Kneipen und Weinlokalen, trank mit anderen Männern über den Durst, scharmutzierte mit den Kellnerinnen und verkaufte Pferde. Aber – er hätte, wider alles Erwarten, plötzlich ins Haus treten können! Denn nichts auf der Welt ist unmöglich! Deshalb mussten wir in die Küche.

Es war eine schöne und geräumige Küche. Warum also nicht? Bei uns zu Hause hielten wir es ja auch nicht anders. Und Friedas belegte Brote waren und schmeckten genauso gut wie im Wohnzimmer. Und trotzdem stimmte die Sache nicht. Da hockten wir nun, von Tante Linas Angst angesteckt, alle miteinander am Küchentisch, das ganze große Haus war leer, und die Tante sah aus, als sei sie bei sich selber zu Besuch. Da saßen und aßen wir nun und legten dabei die Ohren an wie die Kaninchen. Würde er kommen oder nicht? Es war ungewiss. Es war unwahrscheinlich. Doch manchmal kam er.

Zunächst hörten wir, wie jemand das Gartentor heftig zuschlug, und Frieda sagte: »Der Herr kommt.« Anschließend sprang die Haustür auf, dass die bunten, bleigefassten Glasscheiben klirrten, und die Tante rief, von Furcht und Freude übermannt: »Der Herr kommt!« Dann brüllte im Korridor ein Löwe das Wort »Frau!«. Und mit dem Rufe »Ja, Franz!« stürzte die Tante, von Frieda und Dora umgeben, aus der Küche ins Treppenhaus, wo ihnen der Herr der Pferde, bereits ungeduldig, Hut und Spazierstock entgegenstreckte. Sie rissen ihm die Utensilien beflissen aus den Händen, halfen ihm zu dritt aus dem Mantel, verstauten Stock und Hut und Mantel an der Garderobe und rannten, ihn überholend, durch den Korridor, um die Wohnzimmertür zu öffnen und das Licht anzuknipsen.

Er setzte sich ächzend aufs Sofa und streckte ein Bein von sich. Tante Lina kniete vor ihm nieder und zog ihm den Schuh aus. Frieda kniete neben ihr und angelte die Pantoffeln unterm Sofa hervor. Während ihm die Tante den zweiten Schuh auszog und Frieda den ersten Pantoffel über den Fuß schob, knurrte er das Wort »Zigarre!«. Dora rannte ins Arbeitszimmer, kehrte eilends mit Zigarrenkiste und Streichhölzern zurück, klappte die Kiste auf, stellte sie, nachdem er eine Zigarre gegriffen hatte, auf den Tisch und hielt ein Streichholz parat. Nachdem er die Zigarrenspitze abgebissen und auf den Teppich gespuckt hatte, gab sie ihm Feuer.

Die drei umstanden und umknieten ihn wie die Sklavinnen ihren Großmogul, hingen an seinen Lippen und warteten auf weitere Befehle. Fürs Erste sagte er nichts, und so standen und knieten sie eifrig weiter. Er paffte seine Zigarre, strich sich den blonden Schnurrbart, worin schon graue Haare schimmerten, und sah aus wie ein Räuber, wenn er satt ist. Dann fragte er: »War was los?« Tante Lina erstattete Bericht. Er brummte. »Wollen Sie was essen?«, fragte Frieda. »Hab ich schon«, knurrte er. »Mit Gäbler in der ›Traube‹.«

»Ein Glas Wein?«, fragte die Tochter. »Meinetwegen«, sagte er gnädig, »aber rasch! Ich muss noch einmal weg.« Und schon sprangen sie auf und davon, zur Kredenz und in den Keller.

Wir saßen mittlerweile in der Küche und waren leise. Meine Mutter lächelte ironisch, mein Vater ärgerte sich, und ich aß von Zeit zu Zeit ein belegtes Brot. Was sich in der Wohnstube abspielte, wussten wir auswendig. Es musste sich nur noch herausstellen, welchen der drei möglichen Schlüsse die Komödie gerade heute haben würde.

Entweder ging Onkel Franz wirklich wieder fort, die drei Sklavinnen kamen in die Küche zurück, womöglich mit der angebrochenen Flasche Wein, und wir blieben noch ein Stündchen. Oder der Onkel blieb daheim. In diesem zweiten Fall erschien Frieda allein auf dem Plan und entließ uns, leicht verlegen, durch die Hintertür. Wir schlichen über den Kiesweg, als seien wir Einbrecher, und zuckten zusammen, wenn das Gartentor quietschte. Am dramatischsten war der dritte Komödienschluss, und auch er ereignete sich gar nicht selten.

Es konnte nämlich geschehen, dass der Onkel die Tante misstrauisch und von der Seite ansah und betont gleichgültig fragte: »Ist sonst noch jemand im Hause?« Dann wurde Tante Linas Nase blass und spitz. Das Schweigen, das darauf folgte, war auch eine Antwort, und er fragte weiter: »Wer? Heraus mit der Sprache!« »Ach«, sagte sie, blässlich lächelnd, »es sind nur Kästners.« »Wo sind sie denn?«, fragte er drohend und beugte sich vor. »Wo sie sind, hab ich gefragt!« »In der Küche, Franz.« Und jetzt brach das Gewitter los.

Er geriet außer Rand und Band. »In der Küche?«, brüllte er. »Es sind nur Kästners? Du versteckst unsre Verwandten in der Küche? Ihr seid wohl alle miteinander blödsinnig geworden, wie?« Er stand auf, schmiss die Zigarre auf den Tisch, stöhnte vor Wut und stapfte mit großen Schritten in den Korridor. Leider hatte er Pantoffeln an. Mit Stiefeln hätte sich die Szene noch viel effektvoller ausgenommen.

Er riss die Küchentür auf, musterte uns von oben bis unten, stemmte die Hände in die Seiten, holte tief Luft und rief empört: »Das lasst ihr euch gefallen?« Meine Mutter sagte kühl und leise: »Wir wollten dich nicht stören, Franz.« Mit einer einzigen Handbewegung wischte er ihre Bemerkung fort. »Wer«, rief er, »erzählt in diesem Hause, dass mich meine Verwandten stören? Das ist ja unglaublich!« Dann streckte er herrisch den Arm aus, ähnlich wie ein Heerführer, der die Reserven ins Feuer schickt. »Ihr kommt auf der Stelle ins Wohnzimmer! Nun? Wird's bald? Oder soll ich euch erst eine schriftliche Einladung schicken? Ida! Emil! Erich! Los! Aber ein bisschen plötzlich!«

Er stapfte voraus. Wir folgten ihm zögernd. Wie die armen Sünder, die der Holzstoß erwartet. »Frau!«, rief er. »Frieda, Dora!«, rief er. »Zwei Flaschen Wein! Zigarren! Und etwas zu essen!« Die drei Sklavinnen stoben auf und davon. »Wir haben schon in der Küche gegessen«, sagte meine Mutter. »Dann esst ihr eben noch einmal!«, schrie er ärgerlich. »Und nun setzt euch schon endlich hin! Da, Emil, 'ne Zigarre!« »Ich dank dir schön«, sagte mein Vater, »aber ich hab selber welche.« Es war ihr altes Spiel. »Nimm!«, befahl der Onkel. »So was Gutes rauchst du nicht alle Tage!« »Ich bin so frei«, meinte mein Vater und griff vorsichtig in die Kiste.

Wenn alle unter der Lampe saßen und mit Essen und Trinken versorgt waren, rieb sich Onkel Franz die Hände. »So«, sagte er befriedigt, »nun wollen wir's uns mal recht gemütlich machen! Greif zu, mein Junge! Du isst ja gar nichts!« Glücklicherweise konnte ich damals viel mehr essen als heute. Ich kaute also um des lieben Friedens willen ein belegtes Brot nach dem anderen. Dora kniff, wenn sie mich anschaute, amüsiert ein Auge zu. Frieda goss Wein nach. Der Onkel kam auf Kleinpelsen, den Kaninchenhandel und wie stets darauf zu sprechen, dass meine Mutter eine Klatschbase gewesen sei, und je mehr sie sich ärgerte, umso vergnügter wurde er. Wenn er sie auf den Siedepunkt gebracht hatte, begann er das Interesse am Thema zu verlieren und erörterte mit der Tante geschäftliche Dinge. Bis er dann plötzlich aufstand, laut gähnte und erklärte, er gehe jetzt ins Bett. »Lasst euch nicht stören«, knurrte er, und schon war er weg. Manchmal wurde er noch deutlicher und sagte in aller Gemütsruhe: »So. Und jetzt könnt ihr gehen.« Ja, mein Onkel Franz war eine Nummer für sich. Und er hatte Nerven wie Stricke.

Das Lied vom feinen Mann

Ich kann, im Kino, auf wen immer warten –
stets treten Leute stolz an mich heran
und präsentieren mir die Eintrittskarten,
als dächten sie, ich wiese Plätze an.

Meist sind es Männer. Manchmal sind es Frauen.
Seh ich so aus, als wäre ich vom Bau?
Erwecke ich besonderes Vertrauen?
Das ist es nicht … Ich kenn den Grund genau.

Ich schau mich hie und da im Spiegel an
und komme immer zu dem Resultat:
Ich werde nie ein wirklich feiner Mann!
Das sagt auch jeder, der mir nähertrat.

Es soll nicht heißen, dass ich unfein wäre
und meinen Hut beim Schlafen aufbehalte!
Ich weiß das Nötigste von Mannesehre
und lege Wert auf etwas Bügelfalte.

Ich weiß, wie man den Ruf von Damen rettet,
und schieße, falls ich nicht nervös bin, gut.
Und wenn ihr mich manchmal gesehen hättet –
ihr wärt erschrocken vor so vielem Mut.

Das wären nur ein paar von jenen Sachen.
(Auch frag ich nur bei edlen Frauen an …)
Doch meistens muss ich über alles lachen,
und sowas tut kein leidlich feiner Mann.

Ich bin zu kindisch für so ernste Dinge.
Und feine Leute merken das sofort.
Sie tun, als ob ich ohne Kragen ginge,
und sehn mich an und glauben mir kein Wort.

Kein Anzug will mir, wie er möchte, passen.
Die Senkel hängen ewig aus den Schuhn.
Ich bin die zweite Wahl bei Meißner Tassen.
Ach, wer mich liebt, der muss es trotzdem tun!

Und dabei sehne ich mich ungemein
nach gradem Scheitel in der krümmsten Lage!
Ich möchte allererster Sorte sein.
Fein oder nicht fein, das ist hier die Frage.

Bin ich, um fein zu sein, nicht fein genug?
Mein Herz ist häufig nicht besonders rein.
Woran es liegt? Man wird so schwer draus klug.
Ich bin, um fein genug zu sein, vielleicht zu fein?

Wiegenlied für sich selber

Schlafe, alter Knabe, schlafe!
Denn du kannst nichts Klügres tun,
als dich dann und wann auf brave
Art und Weise auszuruhn.

Wenn du schläfst, kann nichts passieren ...
Auf der Straße, vor dem Haus,
gehn den Bäumen, die dort frieren,
nach und nach die Haare aus.

Schlafe, wie du früher schliefst,
als du vieles noch nicht wusstest
und im Traum die Mutter riefst.
Ja, da liegst du nun und hustest!

Schlaf und sprich wie früher kindlich:
»Die Prinzessin drückt der Schuh.«
Schlafen darf man unverbindlich.
Drücke beide Augen zu!

Mit Pauline schliefst du gestern.
Denn mitunter muss das sein.
Morgen kommen gar zwei Schwestern!
Heute schläfst du ganz allein.

Hast du Furcht vor den Gespenstern,
gegen die du neulich rangst?
Mensch, bei solchen Doppelfenstern
hat ein Deutscher keine Angst!

Hörst du, wie die Autos jagen?
Irgendwo geschieht ein Mord.
Alles will dir etwas sagen.
Aber du verstehst kein Wort …

Sieben große und zwölf kleine
Sorgen stehen um dein Bett.
Und sie stehen sich die Beine
bis zum Morgen ins Parkett.

Lass sie ruhig stehn und lästern!
Schlafe aus, drum schlafe ein!
Morgen kommen doch die Schwestern,
und da musst du munter sein.

Schlafe! Mache eine Pause!
Nimm, wenn nichts hilft, Aspirin!
Denn, wer schläft, ist nicht zu Hause,
und schon geht es ohne ihn.

Still! Die Nacht starrt in dein Zimmer
und beschnuppert dein Gesicht …
Andre Menschen schlafen immer.
Gute Nacht, und schnarche nicht!

Melchior hat Pech bei Frauen

Melchior und Sebastian knöpfen sich die Handschuhe zu. Sie haben im Café gesessen und stehen jetzt auf dem Kurfürstendamm. Der Nachmittag ist gemessen freundlich. Die Sonne hält sich in Grenzen. Und ein kleiner Wind, der sich erhoben hat, wirkt nicht unsympathisch.

Melchior und Sebastian haben sich die Handschuhe zugeknöpft und wollen gehen. Aber weil sie sich über das Ziel ihrer Wünsche nicht klargeworden sind, will es der Zufall, dass sich der eine nach links und der andere nach rechts hin wendet.

Sehr bald bemerken sie, dass sie sich voneinander entfernen, drehen sich gegenseitig und lächeln resigniert. Wohin also? – Da werden sie aller Zweifel enthoben: Eine junge Dame geht an ihnen vorüber, deren Anblick Sebastian enthusiasmiert. Die Dame hinterlässt den Duft eines diskreten Parfüms und einen soignierten Eindruck. Ihr Schritt wirkt zugleich grazil und schneidig. Ihr Cape flattert flott. Ihr Hütchen verrät vornehme Heiterkeit. – Sebastian fasst Melchior unter und zerrt ihn hinter der Dame her. Melchior weiß, dass in solchen Fällen Sebastian zu widersprechen unratsam ist und gibt nach.

»Siehst du, dass das eine sehr vornehme Person ist?«, sagt Sebastian leise.

»Ich sehe«, antwortet Melchior, bereit, sich allem zu fügen.

»Ich muss sie sofort kennenlernen«, sagt Sebastian, »aber du begreifst, dass sie sich nicht so ohne weiteres ansprechen lassen wird.«

»Ich begreife«, antwortet Melchior.

»Gut!«, meint Sebastian. »Ich bitte dich also, sie anzusprechen.«

»Ich denke gar nicht daran«, sagt Melchior, »es liegt doch auf den Händen, dass das eine Schlittenpartie werden wird.«

»Melchior!«, Sebastians Stimme wird ein wenig böse, »du sprichst sie an! Und wenn ich dich bitten darf: Möglichst aufdringlich! Sie wird sich belästigt fühlen. Du wirst nicht lockerlassen. – Und dann komme ich als Frauenretter. Begriffen?«

Melchior nickt willenlos.

»Na denn los!«, kommandiert Sebastian. Beide reichen sich die Hände. Und Sebastian sagt: »Besten Dank im Voraus. Du besuchst mich doch morgen? Wenn es sich treffen sollte, leiste ich dir gern einen Gegendienst.«

Melchior setzt sich in beschleunigte Bewegung, hat die Dame im blauen Cape erreicht, holt noch einmal Luft …

»Mein liebes Kind!«, sagt er, »ich würde mich freuen, wenn ich Ihnen so sympathisch bin wie Sie mir.«

Die vornehme Dame sieht ihn mit einem entsetzlichen Blicke an. Melchior ist es tief innen sehr elend zumute. Aber schon hört er Sebastians Schritte hinter sich. Also los!

»Na, hab dich doch nicht so! – Ich denke bestimmt, dass wir vor Mitternacht noch ganz gute Freunde werden. Denn …«

Da aber bleibt die Dame stehen. Mit einem Ruck. Melchior auch. Er lächelt verführerisch, obwohl ihm bodenlos mies ist. »Aber Kindchen«, holt er wieder aus.

»Wenn Sie mich nicht augenblicklich in Ruhe lassen, wenn Sie nicht sofort Ihre groben Belästigungen unterlassen …«, sagt die Dame zornig, obwohl sie große Angst vor dem Menschen hat …

Doch da ist auch schon Sebastian an ihrer Seite. »Meine Gnädige«, sagt er und behält den Hut in der Hand, »ich darf hoffen, dass Sie mir mein unerbetenes Eingreifen nicht verübeln. Ich musste Zeuge sein, wie dieser unverschämte Kerl …«

»Mein Herr!«, sagt Melchior und hebt den Spazierstock in unzweideutiger Weise …

»Meine Gnädige«, sagt Sebastian mit wundervoll beruhigender Stimme, »Sie entschuldigen mich einen Augenblick!«

Dann tritt er mit Melchior beiseite – möglichst weit weg von ihr fort – und beide brüllen sich leise an. »Los!«, sagt Sebastian, »jetzt müssen wir die Karten tauschen. Das macht immer Eindruck.«

»Ich hab keine mit«, sagt Melchior traurig.

»Das macht nichts. Gib mir einen Wisch, der so ähnlich aussieht!«

Beide ziehen ihre Brieftaschen. Und die Dame erblickt voller Entsetzen den unheilvollen Kartenwechsel.

Dann ist Sebastian wieder an ihrer Seite, ruhig und höflich, wie es sich für einen Mann von Welt geziemt.

Und Melchior hört noch, wie die vornehme Dame zu seinem Freunde sagt: »Mein Herr, ich stehe tief in Ihrer Schuld. Ich will nicht hoffen, dass Sie meinetwegen …«

»Meine Gnädige«, sagt Sebastian, »es war mir eine Ehre, Sie aus den Händen solch eines Halunken zu befreien.«

»So siehst du aus«, murmelt Melchior ärgerlich. Und sieht, wie die beiden, einträchtig und lebhaft sich unterhaltend, verschwinden. Dann geht er nach der anderen Seite davon. Er pfeift leise dabei.

Das wird ein sehr langweiliger Abend werden …

Es ist am nächsten Tage.

Melchior und Sebastian knöpfen sich die Handschuhe zu. Sie kommen aus irgendeinem Fünfuhrtee. Irgendwo »Unter den Linden«. Das Wetter entspricht dem des Vortages aufs Haar.

Beide überlegen, was zu tun sei.

»Also«, fängt Melchior wieder an, »die Dame von gestern war sehr nett zu dir?«

»Sehr nett«, bestätigt Sebastian. »Sagte ich dir schon, dass sie Adrienne heißt?«

»Nein«, stellt Melchior fest. »Und Witwe ist sie?«

»Witwe«, bestätigt Sebastian, »Witwe mit einer entzückend eingerichteten Wohnung. Weißt du – als ich sie das erste Mal ›Adrienne‹ nannte, mit bebender Stimme – da hielt sie mir mit der Hand den Mund zu und dann …«

»Schluss, wenn ich bitten darf«, sagt Melchior, »ich kann so etwas nicht hören … Und morgen Abend sollst du sie wiedersehen?«

»Morgen Abend. Es wird herrlich werden! Ach, was ist das für eine wundervolle Frau! Als sie mich bat, mich ja nicht mit dir zu duellieren! – Charmant hat sie das gemacht! – Sie sagte auch, ich wäre viel zu schade, von so einem Kerl wie dir niedergeknallt zu werden. Und dann könnten wir uns ja auch nicht wiedersehen. Und wie sie dich geschildert hat! Ich war drauf und dran, dich meiner Freundschaft für unwürdig zu halten. Du wärest hässlich, aufdringlich, ungebildet – du solltest dich eigentlich schämen!«

»Ja, ja«, flüstert Melchior und starrt hinter einer Dame her, die soeben an ihnen vorbeizog. »Sebastian«, sagt er dann hastig, »siehst du die Dame dort?«

»Wieso?«, fragt Sebastian. – »Ganz reizende Figur, nicht?«

»Also los«, sagt Melchior, »heute bist du dran! Und möglichst frech! Daran kann es dir ja nicht fehlen. Ich komme sofort hinterher! Bloß ein Glück, dass ich mir heute Visitenkarten eingesteckt habe!«

»Na schön!«, sagt Sebastian und entfernt sich eilig. Schnell hat er die Dame eingeholt, zieht den Hut und redet in weitem Bogen: »Also, Sie reizendes Persönchen, wenn Sie glauben sollten, dass Sie mir mit Ihren entzückenden Beinchen entlaufen könnten, so ist das finsterster Aberglaube!«

Sie sieht ihn merkwürdig an.

Und er fährt fort: »Nein, im Ernst, es wäre eine Sünde, Sie so ungenützt vorbeigehen zu lassen.« Sebastian schaut der Dame frech unter den Hut und redet unverdrossen weiter: »Kommen Sie! Soupieren wir irgendwo um die Ecke! Ich weiß da ein ganz reizendes Lokal: Man sitzt unbeobachtet und dicht beieinander …«

Da bleibt sie stehen. Sebastian auch.

Melchior ist schon an ihrer Seite, reißt den Hut vom Kopfe und sagt schneidig: »Meine Gnädige! Entschuldigen Sie, wenn ich eingreife! Aber ich war Zeuge, wie dieser abscheuliche Halunke …«

»Mein Herr«, sagt Sebastian und hebt den Spazierstock in unzweideutiger Weise …

»Ach ja«, sagt die Dame, »schlagen Sie doch bitte diesem takt-
losen Störenfried die Dummheiten aus dem Kleinhirn!« Dann wendet sie sich zu Melchior: »Übrigens möchte ich Sie ersuchen, uns
nicht weiter zu belästigen. Wer gibt Ihnen eigentlich das Recht, sich
in meine intimsten Angelegenheiten zu mischen?«

Die Freunde sind erstaunt. Aber Sebastian lässt sich nichts merken.

Da sagt die Dame zu Sebastian: »Warum stehen wir eigentlich
noch hier, lieber Freund? Kümmern wir uns doch nicht um den
Trottel! Wo war das Lokal, von dem Sie mir erzählten?«

Sebastian schaut Melchior bedauernd an und zuckt unmerk-
lich mit den Schultern. Dann sagt er: »Richtig! Kommen Sie, meine
Gnädige! Dort rechts um die Ecke! Dorotheenstraße …«

Melchior steht allein und sieht, wie die beiden, einträchtig und
lebhaft sich unterhaltend, verschwinden. Dann geht er nach der
anderen Seite davon. Heute pfeift er nicht. Er ist traurig, steckt die
Visitenkarte wieder ein, die er schon fix und fertig in der Hand
gehalten hatte, und sucht sich dadurch zu zerstreuen, dass er die
vorüberfahrenden Autos zählt.

Das wird ein sehr langweiliger Abend werden …

Der Geizhals geht im Regen

Der Frühling gießt den Regen durch ein Sieb.
Die Veilchen stehen Hand in Hand und flennen.
Wenn die erst wüssten, was mir Dora schrieb.
Sie sei zwar äußerst sparsam im Betrieb.
Doch trotzdem müssten wir uns, meint sie, trennen.

Die Bäume sind nur, wenn man hinschaut, kahl.
Die Straße blüht, als wär's zum ersten Mal.
Was alles grün ist! Selbst die Autotaxen.
Ich lass mir keine grauen Haare wachsen.
Für so etwas ist meine Brust zu schmal.

Der Regen regnet fast wie dünner Zwirn.
Der liebe Gott näht Blumen auf den Rasen.
Ich hätte Rheumatismus im Gehirn
und eine, schreibt sie mir, plissierte Stirn.
»Und meine Seele lief sich bei dir Blasen.«

Herr Ober, bitte eine andre Frau!
Ein Glück, dass Frühling wird. Die Luft weht lau.
Und von den Wunden spürt man bloß die Narbe.
Die Welt war grau, und Grau ist keine Farbe.
Jetzt sind sogar die schwarzen Wolken blau.

Die Blumen blühn, und keiner kennt den Grund.
Man atmet dreimal tief und ist gesund.
Ich kann nur sagen »Ora et labora!«
Ich ärgre mich nicht weiter über Dora
und kaufe mir am Ersten einen Hund.

Nanu, da ist ja schon der Lietzensee.
Jetzt geh ich heim und koche mir Kaffee
und fress ihn ganz allein, den guten Kuchen.
Paul hat im Kino kostenlos Entree.
Den könnte ich zum Abendbrot besuchen …

Arthur spricht ein Fräulein an

Sind Sie nicht die Kusine von Ploch,
von Ploch, der in rostfreien Kochtöpfen reist?
Nein? Aber Kindchen, ich kenne Sie doch.
Is ja auch gleich, wie Ihr Vetter heißt.

So ein bescheidnes, nasskaltes Wetter.
Mir ist, als ob's seit zehn Jahren regnet.
Also der Ploch ist bestimmt nicht Ihr Vetter?
Komisch, was einem alles begegnet.

Sagen Sie, wird man die Preise senken?
Reden tut man. Tun tut man's nicht.
Regierungen denken. Kartelle lenken.
Woher kenn ich bloß Ihr Gesicht?

Na is egal, jedenfalls mir gefällt's.
Und eine hübsche Figur haben Sie!
Haha, das merkt man trotz Ihrem Pelz.
Schlanke Frauen lagen mir nie …

Es heißt, ein Putsch sei in Vorbereitung.
Diese zerkochte politische Lage!
Immer was andres, je nach der Zeitung.
Hörn Se, gestatten Sie eine Frage:

Mögen Sie eigentlich Hitler gern?
Nein? Ich dachte, das wär was für Frauen.
Ist doch reizvoll, wenn sich die Herrn
sämtlich verfügbare Backen vollhauen.

Klar, das Bonzentum hat gesündigt.
Aber bei Hitler schaut auch nichts heraus.
Neulich wurde mir fast gekündigt.
Kommen Sie ein bisschen mit mir nach Haus?

Nur nicht ängstlich, ich bin erprobt.
Wenn Sie … Verdammt, jetzt bin ich im Bilde!
Warn wir nicht mal miteinander verlobt?
'türlich, du bist ja … heißt du nicht Hilde:

Siehst du, ich wusste doch, dass ich dich kenne.
Da kommt mein Autobus. Leb wohl. Ich renne.

Präludium auf Zimmer 28

Du musst nicht gleich bei jedem Dreck erschrecken!
Dass das der Ober ist, merk ich am Schritt.
Der geht vorbei, im Speisesaal zu decken.
Da brauchst du nicht gleich alles zu verstecken!
Ich kenn den Kerl. Schmitz heißt er. Oder Schmidt. –

Die Freundin vor dir ging mir bis zum Kinn.
Da hatte ich, wenn ich den Mund aufmachte,
im Handumdrehn das ganze Mädchen drin.
Obwohl ich sonst nicht übelnehmisch bin –
das war was, was mich zur Verzweiflung brachte!

Als ich dich sah, da schickte ich sie fort.
Denn du bist groß! Du hast Figur mit Pausen!
Vom Kopf bis dahin … Und von da bis dort …
Dein Körper ist ein toller Ausflugsort!
Ich liebe dich von innen und von außen.

Wozu sind Brüste von verschiedner Größe?
Die rechte, siehst du, hält mehr auf Niveau.
Links gibt es Pudding. Sei nur nicht gleich böse!
Deswegen gibst du dir noch keine Blöße.
Das war bis jetzt bei allen Frauen so.

Die Hertha – doch du kennst die Hertha nicht,
sie ist, Adresse unbekannt, verzogen –
die Hertha zeigte sich nie ohne Hemd, bei Licht,
und machte stets ein heimliches Gesicht.
Das ist verkehrt. Da fühlt man sich betrogen.

Nein, Frauen, die man lieb hat, muss man kennen.
Was man nicht sehen darf, hat keinen Zweck!
Dass du es weißt: Ich lasse immer brennen.
Die Dunkelheit benutz ich bloß zum Pennen ...
Der Spiegel steht ganz günstig über Eck.

Nur später werden wir ihn etwas drehen.
Liegst du bequem? Warum fixierst du mich?
Nur Mut, mein Schatz! Du wirst mich gleich verstehen.
Erst will ich mit dem Mund spazieren gehen.
Und dann ... Pardon!, wie heißt du eigentlich?

Anmerkung: Die Vorliebe für große Frauen ist weitverbreitet
und keinesfalls unverständlich.

Es gibt noch Don Juans

Das, was ich erzählen will, erlebte ich vor zwei Jahren während eines Winteraufenthaltes in einem großen Gebirgshotel. Seitdem ist viel Neuschnee über die Sache gewachsen. Ich traue mich langsam mit der Sprache heraus.

Ich begegnete dort einem Mann – er mochte Anfang der vierzig sein –, von dem die jungen Mädchen und die jungen Frauen behaupteten, sie seien ihm »verfallen«. Sie hatten die verschiedensten Charaktere, Haarfarben, Erfahrungen und Figuren, und sie waren verschieden klug, verschieden alt, verschieden gebildet. Aber darin stimmten sie überein: Sie seien ihm, wenn er nur wolle, ausgeliefert. Und es war deutlich zu sehen, dass er meistens wollte. Er hatte Sinn für Vollständigkeit, und wenn er durch die Hotelhalle ging, glaubte man, alle Frauenherzen schlagen zu hören.

Die Männer waren, soweit sie ihren Aufenthalt mit kleinen Abenteuern auszuschmücken suchten, in bedauerlicher Lage. Es befand sich, das fühlten sie schnell heraus, einer in ihrer Mitte, der ihnen, noch dazu auf geheimnisvolle Art, überlegen war. Was da vor sich ging, grenzte an unlauteren Wettbewerb.

Und es gab keine Instanz, vor der sie hätten Beschwerde führen dürfen. Die Situation war eigentlich zu unheimlich, um komisch genannt zu werden. Und doch war es für den neutralen Beobachter erheiternd, zu sehen, wie Angst und Erwartung wuchsen, sobald der Mann auftauchte, und wie sich Angst und Erwartung mit ihm durch den Saal bewegten.

Man darf mir glauben, dass ich nicht ohne weiteres gesonnen war, den Zauber, von dem die Frauen und Mädchen benommen flüsterten, als erwiesen hinzunehmen. Ich wagte denen gegenüber, die mich ein wenig zu ihrem Vertrauten gemacht hatten, Zweifel zu äußern. Es ist ja ausreichend bekannt, dass die Besucherinnen winterlicher Sporthotels nicht eigentlich mit ausgesprochen klösterlichen Plänen ins Gebirge geraten. Und ich ließ mir, nahezu über die Grenzen der Höflichkeit hinaus, anmerken, dass ich in dieser Richtung Verdacht hegte. Auch dass man meine Vermutung lebhaft bestritt, vermochte mich nicht zu überzeugen. Ich war eher geneigt, an das Libertinertum sämtlicher Frauen als an geheimnisvolle Einflüsse jenes Mannes zu glauben.

Als ich aber sah, wie eines der jungen Mädchen umfangreiche Angstzustände bekam und, wenn auch leise, mit den Zähnen klapperte, so oft er sich ihr näherte, und dass sie, obwohl es den Spielregeln des Hotelbetriebs widersprach, seine Tanzaufforderungen ausschlug, und als ich ferner feststellte, dass sich Frauen, deren Ehemänner dabeisaßen, zu recht unbedachtem Verhalten hinreißen ließen, wurde ich allmählich immer neugieriger und verbrachte die Abende damit, dass ich den gefürchteten Mann nicht mehr aus den Augen ließ.

Eines Tages war eine der mir bekannten Damen sehr vergnügt. Sie erzählte, eine ihrer Freundinnen werde am Nachmittag eintreffen, und zwar handle es sich um eine ungewöhnlich selbstsichere und schlagfertige Person. Dass auch sie dem Don Juan unterliegen werde, sei wohl ausgeschlossen. Die ungewöhnliche Person erschien. Der Mann – er war auf alle Neuerscheinungen abonniert – bat sie sofort um einen Tanz. Sie lächelte uns, ehe sie sich erhob, listig zu. »Jetzt werde ich euch alle rächen«, besagte der Blick. Sie tanzte mit ihm. Er betrachtete sie aufmerksam, unterhielt sie und sich und brachte sie an unseren Tisch zurück.

Sie war blass, lehnte sich tief in den Sessel und sagte: »Das hätte ich nie für möglich gehalten!« Dann berichtete sie etwas ausführlicher. Er habe sie forschend angesehen. Er habe, ohne dass sie Anlass gegeben hätte, Reden geführt, wie sie beim ersten Tanze nicht erlaubt sind. Sie sei außerstande gewesen, ihn in die Schranken zu weisen. Sie habe es nicht einmal vermocht, Empfindungen in sich zu unterdrücken, die sie bisher in ihrer Gewalt geglaubt hatte. Ja, sie erklärte, und diese Offenherzigkeit machte der an ihr gerühmten Klugheit Ehre: »Wenn er mich aufgefordert hätte, sofort den Saal zu verlassen und ihm, wohin auch immer, zu folgen, hätte ich's getan.« Dann schüttelte sie sich vor nachträglichem Schreck und meinte: »Entsetzlich, dass es so etwas gibt. So wenig ist man seiner selbst sicher.«

Am gleichen Abend gab es eine weitere kleine Sensation. Der Mann tanzte mit einer Aristokratin, die ihm, wie ich erfuhr, bis jetzt ausgewichen und unnahbar begegnet war. Als sie das dritte Mal an unserem Tisch vorüberkamen, schloss die Dame die Augen, taumelte, wäre fast hingesunken, brach den Tanz, sich entschuldigend, ab und begab sich, mit Schritten, als sei sie lange krank gewesen, auf ihr Zimmer.

Ich vergaß bis jetzt, das Äußere des Mannes zu beschreiben. Ich wartete, genauer, damit, weil diese Beschreibung den Lesern keinerlei Aufschluss bieten wird. Er war mittelgroß, untersetzt gebaut, hatte ziemlich brutale Gesichtszüge, dunkle Augen, ein vorzügliches Gebiss – diese Angaben werden keinen Eindruck machen. Aber ich kann ihn zum Glück anschaulicher vorstellen. Denn er kam, anlässlich eines Maskenballs, als Douglas Fairbanks und sah diesem Schauspieler allerdings ungewöhnlich ähnlich. Er wirkte wie ein stämmigerer, unfeinerer Bruder des Amerikaners. Den Männern im Hotel war nicht klar, wieso man bei solch einem Aussehen ein Don Juan sein könne, den Frauen auch nicht.

Da weder das Äußere des Mannes noch die Eindrücke der Frauen als Erklärung dienten und ich doch auf nichts neugieriger war als auf einen Erklärungsversuch, tat ich das Letzte, was mir helfen konnte: Ich ging auf den Mann zu und sagte ihm, wie sehr er mich, im Hinblick auf seine merkwürdige Wirkung, interessiere. Er nickte. Dann bummelten wir in die Bar, tranken etwas und unterhielten uns über ihn. Er dachte wahrscheinlich, ich wolle seine Abenteuer kennenlernen, und erzählte mir eine haarsträubende Geschichte nach der anderen. (Diese Geschichten sind es wert, verschwiegen zu werden.) Ihm lag keineswegs daran, sich in Szene zu setzen. Er übertrieb bestimmt nicht. Er berichtete nur und war selbst verwundert, dass ihm solche Affären hatten zustoßen können. »Ich weiß auch nicht, woran es liegt«, meinte er, »aber die Frauen rennen mir die Bude ein. Und je älter ich werde, umso jünger werden die Jahrgänge.« Auf das, was mir am Herzen lag, wusste er keine Antwort. Er gab zu, dass er ziemlich brutal auftrete und dass sein Blick bestimmte Wirkungen hervorzurufen scheine. Oft gegen seinen Willen. Denn ich könne verstehen, dass ihm sein Talent oft genug lästig und ungesund vorkomme.

Dann geriet er wieder ins Erzählen. Stoff genug hatte er ja. Es war Morgen, als wir uns trennten und zu Bett gingen. Ich wusste nicht mehr als vorher. Der einzige Trost war jetzt, dass der Mann selber auch nichts wusste.

Wenige Tage danach reiste er ab. Er fuhr nach Davos, und anschließend wollte er nach Afrika, um Löwen und andere wilde Tiere totzuschießen. Die Abenteuer in Europa waren ihm zu gefährlich. Und außerdem lebte er als jüngerer Sohn und Miterbe von beachtlichen Einkünften einer Fabrik im Rheinland.

Die Frauen atmeten hörbar auf. Mehrere Ehen renkten sich wieder ein. Ein paar junge Mädchen bekamen wieder rote Backen. Und alle gestanden sie: Sie hätten vor dem Mann Angst gehabt, bevor er sich ihnen näherte. Sie hatten Angst gehabt, wenn er sich mit ihnen beschäftigte. Sie hatten noch Angst gehabt, wenn er sie schon wieder ignorierte.

Jetzt war er fort, und ich habe nur noch von einem kleinen Nachspiel zu berichten, an dem er, wenn auch unfreiwillig, nicht schuldlos war. Eine Kaufmannsgattin, die ohne den dazugehörigen Kaufmann im Gebirge war, kam zum Hoteldirektor und teilte empört mit, dass man ihr die erlesensten Stücke ihrer Leibwäsche entwendet habe. Es war von Dessous aus Paris, von Nachthemden aus Brüsseler Spitzen und von anderen hauchdünnen Dingen die Rede.

Und es lag nahe und war in diesem Falle wohl auch richtig, das Hotelpersonal zu verdächtigen.

Der Direktor zitierte den Chef d'Etage, die Gouvernante, die Stubenmädchen und Hausburschen, suchte anschließend die Bestohlene auf und erklärte rundheraus, er könne, obwohl der Verdacht fortbestehe, nichts unternehmen. Die Dame war entrüstet, sagte, was in solchen Fällen gesagt wird, und drohte, sie werde die Ortspolizei verständigen. »Das möchte ich der gnädigen Frau nicht unbedingt empfehlen«, antwortete der Direktor behutsam, »denn die Polizei würde das Etagenpersonal verhören müssen, und eine der ersten Routinefragen wäre, ob man einmal oder auch öfter jemanden in Ihr Zimmer hineingehen oder aus dem Zimmer herauskommen sah, der, eh, sich in der Zimmernummer geirrt haben könnte. Irren ist menschlich, gnädige Frau, doch das Personal meint, mindestens viermal und jedes Mal etwa zwei Stunden lang pflege man Zimmernummern nicht zu verwechseln. Auch dass ein solcher Irrtum so oft und lange der gleichen falschen Nummer gegolten habe, meint eines der Stubenmädchen, sei einigermaßen seltsam. Gerade dieses Mädchen dürfte die Diebin sein, und ich werde sie entlassen, sobald ich kann. Im vorliegenden Falle bin ich im Zweifel, was ich tun soll. Wünschen Sie, dass ich die Polizei anrufe?«

Die Kaufmannsgattin wünschte es nicht. Sie zog auch nicht aus. Sie wagte es nicht. Denn der zu ihr gehörige Kaufmann wurde in ein paar Tagen erwartet. Das Zimmer neben jenem, das zu einigen Verwechslungen und zu einem Wäschediebstahl Anlass gegeben hatte, war für ihn seit Langem vorbestellt und vorgesehen.

Er traf pünktlich ein, erwies sich als umgänglicher Hotelgast und besorgter Gatte, konnte nicht ahnen, was alle anderen wussten, und spielte seine fatale Rolle zur allgemeinen Zufriedenheit. Bis er einen anonymen Brief erhielt, zum nächsten Kostümfest – verblüffenderweise und sogar zur Überraschung seiner Frau – als Douglas Fairbanks erschien und um Mitternacht im Großen Saal …

Doch das ist eine ganz andere Geschichte. Sie gehört nicht hierher. Vielleicht erzähl ich sie ein andermal. Vielleicht aber auch nicht.

Nachtgesang des Kammervirtuosen

Du meine Neunte letzte Sinfonie!
Wenn du das Hemd* anhast mit rosa Streifen …
Komm wie ein Cello zwischen meine Knie,
und lass mich zart in deine Seiten greifen!

Lass mich in deinen Partituren blättern.
(Sie sind voll Händel, Graun und Tremolo.)
Ich möchte dich in alle Winde schmettern,
du meiner Sehnsucht dreigestrichnes Oh!

Komm, lass uns durch Oktavengänge schreiten!
(Das Furioso, bitte, noch einmal!)
Darf ich dich mit der linken Hand begleiten?
Doch beim Crescendo etwas mehr Pedal!

Oh deine Klangfigur! Oh die Akkorde!
Und der Synkopen rhythmischer Kontrast!
Nun senkst du deine Lider ohne Worte …
Sag einen Ton, falls du noch Töne hast!

Anmerkung: * In besonders vornehmer Gesellschaft ersetze man
das Wort »Hemd« durch das Wort »Kleid«.

Ein Rechtsanwalt hat nichts dagegen

Im Fahrstuhl war ein Wandspiegel. Fabian zog das Taschentuch und rieb die roten Flecken aus dem Gesicht. Die Krawatte saß schief. Die Schläfe brannte. Und die blasse Blondine sah auf ihn herunter. »Wissen Sie, was eine Megäre ist?«, fragte er. Sie legte den Arm um ihn. »Ich weiß es, aber ich bin hübscher.«

Am Türschild stand: Moll. Das Dienstmädchen öffnete. »Bringen Sie uns Tee.«

»Der Tee steht in Ihrem Zimmer.«

»Gut. Gehen Sie schlafen!« Das Mädchen verschwand im Korridor. Fabian folgte der Frau. Sie führte ihn geradewegs ins Schlafzimmer, schenkte Tee ein, stellte Kognak und Zigaretten zurecht und sagte mit einer umfassenden Geste: »Bediene dich!«

»Mein Gott, ein Tempo haben Sie am Leibe!«

»Wo?«, fragte sie.

Er überhörte das. »Sie heißen Moll?«

»Irene Moll sogar, damit Leute mit Gymnasialbildung etwas zu lachen haben. Setz dich. Ich komme gleich wieder.«

Er hielt sie zurück und gab ihr einen Kuss.

»Na, es wird ja langsam«, meinte sie und entfernte sich. Er trank einen Schluck Tee und ein Glas Kognak. Dann musterte er das Zimmer. Das Bett war niedrig und breit. Die Lampe gab indirektes Licht. Die Wände waren mit Spiegelglas bespannt. Er trank noch einen Kognak und trat ans Fenster. Vergittert war es nicht.

Was hatte die Frau mit ihm vor? Fabian war zweiunddreißig Jahre alt und hatte sich nachts fleißig umgetan, auch dieser Abend begann ihn zu reizen. Er trank den dritten Kognak und rieb sich die Hände.

Er betrieb die gemischten Gefühle seit Langem aus Liebhaberei. Wer sie untersuchen wollte, musste sie haben. Nur während man sie besaß, konnte man sie beobachten. Man war ein Chirurg, der die eigene Seele aufschnitt.

»So, nun wird der kleine Junge geschlachtet«, sagte die Blondine. Sie trug jetzt einen Schlafanzug aus schwarzen Spitzen. Er trat einen Schritt zurück. Sie aber rief »Hurra!« und sprang ihm derart an den Hals, dass er die Balance verlor, kippte und samt der Dame auf den Fußboden zu sitzen kam.

»Ist sie nicht schrecklich?«, fragte da eine fremde Stimme.

Fabian blickte verwundert hoch. Im Türrahmen stand, mit einem Pyjama bekleidet, ein dürrer großnasiger Mensch und gähnte.

»Was wollen Sie denn hier?«, fragte Fabian.

»Entschuldigen Sie, mein Herr, aber ich konnte nicht wissen, dass Sie mit meiner Frau bereits durchs Zimmer kriechen.«

»Mit Ihrer Frau?«

Der Eindringling nickte, gähnte verzweifelt und sagte vorwurfsvoll: »Irene, wie konntest du den Herrn in eine so schiefe Lage bringen! Wenn du schon wünschst, dass ich mir deine Neuerwerbungen anschaue, kannst du sie mir wenigstens gesellschaftsfähig präsentieren. Auf dem Teppich! Das wird dem Herrn sicher nicht recht sein. Und ich schlief so schön, als du mich wecktest ... Ich heiße Moll, mein Herr, bin Rechtsanwalt und außerdem«, er gähnte herzzerreißend, »und außerdem der Gatte dieser weiblichen Person, die sich auf Ihnen breitmacht.«

Fabian schob die Blondine von sich herunter, stand auf und ordnete seinen Scheitel. »Hält sich Ihre Gattin einen männlichen Harem? Mein Name ist Fabian.«

Moll kam auf ihn zu und reichte ihm die Hand. »Es freut mich, einen so sympathischen jungen Mann kennenzulernen. Die Umstände sind ebenso gewöhnlich wie ungewöhnlich. Das ist Ansichtssache. Aber falls Sie der Gedanke beruhigt: Ich bin daran gewöhnt. Nehmen Sie Platz.«

Fabian setzte sich. Irene Moll rutschte auf die Armlehne, streichelte ihn und sagte zu ihrem Mann: »Wenn er dir nicht gefällt, brech ich den Kontrakt.«

»Aber er gefällt mir ja«, antwortete der Rechtsanwalt.

»Sie reden über mich, als wär ich ein Stück Streuselkuchen oder ein Rodelschlitten«, meinte Fabian.

»Ein Rodelschlitten bist du, mein Kleiner!«, rief die Frau und presste seinen Kopf gegen ihre volle, schwarz vergitterte Brust.

»Himmeldonnerwetter!«, schrie er. »Lassen Sie mich gefälligst in Ruhe!«

»Du darfst deinen Besuch nicht ärgern, liebe Irene«, erklärte Moll. »Ich werde mit ihm in mein Arbeitszimmer gehen und ihm dort alles Wissenswerte mitteilen. Du vergisst, dass er die Situation als merkwürdig empfinden muss. Ich schicke ihn dir dann wieder herüber. Gute Nacht.« Der Rechtsanwalt gab seiner Frau die Hand.

Sie stieg in ihr niedriges Bett, stand betrübt und einsam zwi-

schen den Kissen und sagte: »Gute Nacht, Moll, schlaf gut. Aber red
ihn nicht tot. Ich brauch ihn noch.«

»Ja, ja«, antwortete Moll und zog den Gast mit sich fort.

Sie nahmen im Arbeitszimmer Platz. Der Rechtsanwalt zündete
sich eine Zigarre an, fröstelte, legte eine Kamelhaardecke über die
Knie und blätterte in einem Aktenbündel.

»Mich geht zwar die Sache nichts an«, begann Fabian, »aber was
Sie sich von der Frau bieten lassen, steigt auf Bäume. Werden Sie oft
von ihr aus dem Bett geholt, um die Liebhaber zu taxieren?«

»Sehr oft, mein Herr. Ursprünglich erwirkte ich mir diese Be-
gutachtung als verbrieftes Recht. Nach dem ersten Jahr unsrer Ehe
setzten wir einen Kontrakt auf, dessen Paragraph 4 lautet: Die Ver-
tragspartnerin verpflichtet sich, jeden Menschen, mit dem sie in in-
time Beziehungen zu treten wünscht, zuvor ihrem Gatten, Herrn
Dr. Felix Moll, vorzuführen. Spricht sich dieser gegen den Betref-
fenden aus, so ist Frau Irene Moll angewiesen, unverzüglich auf die
Ausführung ihres Vorhabens zu verzichten. Jedes Vergehen gegen
den Paragraphen wird mit einer hälftigen Kürzung der finanziel-
len Monatszuwendung geahndet. Der Kontrakt ist sehr interessant. Soll ich ihn in extenso vorlesen?« Moll holte den Schreibtisch-
schlüssel aus der Tasche.

»Bemühen Sie sich nicht!« Fabian wehrte ab. »Wissen möchte
ich nur, wieso Sie auf den Gedanken verfielen, einen solchen Kontrakt überhaupt aufzusetzen.«

»Meine Frau träumte so schlecht.«

»Wie?«

»Sie träumte. Sie träumte entsetzliche Dinge. Es war offensichtlich, dass ihre sexuellen Bedürfnisse proportional der Ehedauer zunahmen und Wunschträume erzeugten, von deren Inhalt Sie, mein Herr, sich glücklicherweise noch keine Vorstellung machen können. Mir wuchs der Unterleib meiner Frau sozusagen über den Kopf. Ich zog mich zurück, und sie bevölkerte ihr Schlafzimmer mit Chinesen, Ringkämpfern und Tänzerinnen. Was blieb mir übrig? Wir schlossen einen Vertrag.«

»Meinen Sie nicht, dass eine andere Behandlung erfolgreicher und geschmackvoller gewesen wäre?«, fragte Fabian ungeduldig.

»Zum Beispiel, mein Herr?« Der Rechtsanwalt setzte sich aufrecht.

»Zum Beispiel: pro Abend fünfundzwanzig hintendrüber?«

»Ich hab's versucht. Es tat mir zu weh.«

»Das kann ich ganz gut verstehen.«

»Nein!«, rief der Rechtsanwalt, »das können Sie nicht verstehen! Irene ist sehr kräftig, mein Herr.«

Moll senkte den Kopf. Fabian zog eine weiße Nelke aus der Schreibtischvase, steckte die Blume ins Knopfloch, erhob sich, lief im Zimmer umher und rückte die Bilder gerade. Vermutlich hatte es dem alten langen Kerl auch noch Vergnügen gemacht, von seiner Frau übers Knie gelegt zu werden.

»Ich will gehen«, sagte er. »Geben Sie mir den Hausschlüssel!«

»Ist das Ihr Ernst?«, fragte Moll ängstlich. »Aber Irene erwartet Sie doch. Bleiben Sie, um des Himmels willen! Sie wird außer sich geraten, wenn sie sieht, dass Sie gegangen sind! Sie wird denken, ich hätte Sie weggeschickt. Bleiben Sie bitte! Sie hat sich so darauf gefreut. Gönnen Sie ihr doch das kleine Vergnügen!«

Der Mann war aufgesprungen und packte den Besucher am Jackett. »Bleiben Sie doch! Sie werden es nicht bereuen. Sie werden wiederkommen. Sie werden unser Freund bleiben. Und ich werde Irene in guten Händen wissen. Tun Sie's mir zu Gefallen.«

»Vielleicht wollen Sie mir auch noch ein sicheres Monatseinkommen garantieren?«

»Darüber ließe sich reden, mein Herr. Ich bin nicht unvermögend.«

»Geben Sie mir den Hausschlüssel, aber etwas plötzlich! Ich eigne mich nicht für den Posten.«

Doktor Moll seufzte, kramte auf dem Schreibtisch, gab Fabian ein Schlüsselbund und sagte: »Jammerschade. Sie waren mir von Anfang an sympathisch. Behalten Sie die Schlüssel ein paar Tage. Vielleicht überlegen Sie sich's. Ich würde mich jedenfalls sehr freuen, Sie wiederzusehen.«

Fabian knurrte: »Gute Nacht«, ging leise durch die Diele, nahm Mantel und Hut, öffnete die Tür, zog sie vorsichtig hinter sich zu und galoppierte die Treppen hinunter. Auf der Straße holte er tief Atem und schüttelte den Kopf. Da spazierten nun die Menschen hier unten vorüber und hatten keine Ahnung, wie verrückt es hinter den Mauern zuging. Die märchenhafte Gabe, durch Mauern und verhängte Fenster zu blicken, war ein Dreck gegen die Fähigkeit, das, was man dann sähe, zu ertragen.

»Ich bin sehr neugierig«, hatte er der blonden Person erzählt, und nun lief er auf und davon, statt seine Neugier mit dem Ehepaar Moll zu füttern. Dreißig Mark war er losgeworden. Zwei Mark hatte er noch in der Tasche. Aus dem Abendessen wurde nichts. 61

Er pfiff sich eins, ging kreuz und quer durch düstere unbekannte Alleen und geriet, aus Versehen, vor den Bahnhof Heerstraße. Er fuhr bis zum Zoo, dort sprang er in die Untergrundbahn, stieg am Wittenbergplatz um und kam in der Spichernstraße aus der Unterwelt wieder herauf unter den freien Himmel.

Marionettenballade
(Zum Leierkasten zu singen)

Junger Mann,
reich und schön,
wollte die
Welt besehn …
Schließlich nach
Hin und Her
stieß er ans
Mittelmeer.
Spanien und
Griechenland –
fabelhaft
intressant!
Luft und Meer
blau durchstrahlt,
wie das so
Böcklin malt.
Pinienhain.
Säulenrest.
Strandhotel:
Wanzennest!
Sonnenglut.
Dunkler Wein.
Grässlich: Al-
lein zu sein!
Mutig!, denkt
junger Mann.
Spricht darauf
Dame an.
Er wird rot.
Dame lacht.
Bitte schön!
Abgemacht!
Glücklich küsst
er die Hand:
Zimmer? Nein!
Meeresstrand!
Beide sind
sehr verliebt.
Nur die Frau
denkt betrübt:

Wenn das mein   Mann erfährt –
kommt auch schon!   Hoch zu Pferd!
Junge Frau   hüpft ins Meer,
Ehemann   hinterher.
Junger Mann   ist verstört:
Findet das   unerhört …
Wer das ge-   sehen hat,
der hat das   Leben satt.
Nahm er sein   Schießgewehr –

Junger Mann   lebt nicht mehr.

Stehgeigers Leiden

Ach, wie gern läg ich in meinem Bette!
Nacht für Nacht schläft Hildegard allein.
Wenn mein Fiedelbogen Zähne hätte,
sägte ich die Geige kurz und klein.

Keinen Abend weiß ich, was sie treibt.
Jeden Abend steh ich hier und spiele.
Ob sie, wie sie sagt, zu Hause bleibt?
Schlechte Frauen gibt es ziemlich viele.

Grässlich haut der Krause aufs Klavier.
Wie sie staunten, wenn ich plötzlich ginge!
Keine Angst, Herr Wirt, ich bleibe hier,
geige mir den Buckel schief und singe:

»Die deutschen Mädchen sind die schönsten.
Hipp hipp hurra, hipp hipp, hurra!
Denn bei den blonden deutschen Mädchen
ist alles da, ist alles da!«

Ich trau ihr nicht. Sie lügt. Ich habe Proben.
Ach, wenn sie lügt, sieht sie so ehrlich aus.
Wie im Gefängnis stehe ich hier oben.
Ich muss verdienen und darf nicht nach Haus.

Eines Tages pack ich meine Geige,
denn sie ist mein einziges Gepäck.
Krause spielt Klavier. Ich aber steige
schnell vom Podium und laufe weg.

Und die Gäste und der Wirt und Krause
werden schweigen, bis ich draußen bin.
Und dann seh ich: Sie ist nicht zu Hause!
Und wo gehe ich dann hin?

Verkehrt hier ein Herr Stobrawa?

Das Café ist, am zeitigen Nachmittag, noch recht leer. Ein paar Zeitungsleser sitzen herum. Der Boy gießt heißes Wasser aus einem Kännchen auf die Ränder des Teppichläufers, weil sie sich gerollt haben. Die Garderobenfrau steht hinter ihrer Theke und sortiert kleine Münzen. Neben ihr lehnt der Kellner und liest, möglichst unauffällig, die Rennberichte. Schlechte Geschäfte. Ein gewisser Herr Dubschek wird am Telefon verlangt. Nein, nicht hier. Da betritt eine kleine alte Dame das Lokal. Unter ihrem komischen Husarenhütchen steckt ein Gesicht, das dem Alten Fritz nachgemacht ist. Blass, großnasig und zerknittert sitzt es auf der dünnen, kurzen Figur, die in dem Plüschmantel viel zu viel Raum hat. Die Frau bleibt vor dem Kellner stehen und sieht ihn abwartend an, bis er, ungern gestört, den Kopf hebt. Da lächelt sie ein bisschen und sagt mit lauter, angerosteter Stimme: »Entschuldigen Sie, verkehrt hier ein Herr Stobrawa?«

»Was soll er denn?«, fragt der Kellner. Er hat gegen Leute, die nichts verzehren, von vornherein begründetes Misstrauen.

»Man hat mir gesagt, er spiele hier jeden Tag Billard.«

»Jetzt sind die Spielzimmer noch geschlossen.«

»Verzeihen Sie, bringt Herr Stobrawa immer seine Geliebte mit hierher?«

Die Gäste werden aufmerksam. Die Garderobenfrau verzählt sich. Der Boy kriegt rote Ohren. »Ich dachte«, bettelt die kleine, alte

Dame, »Sie könnten mir vielleicht Genaueres sagen. Früher verkehrten sie in einem anderen Café. In der Stralauer Straße. Nun ist sie aber umgezogen. Sie muss ganz in der Nähe wohnen. Und abends säße sie gewöhnlich hier. Ich habe ihre Spur verloren ... Verzeihen Sie ... Und da ... ja, so ist das.«

Wahrscheinlich hat die Geliebte des fraglichen Herrn Stobrawa früher bei ihr gewohnt und ist Geld schuldig geblieben. Man kennt das. Aber ob es nötig ist, deswegen vor fremden Menschen die Geheimnisse der Familie Stobrawa auszugraben?

»Ich bin nämlich seine Frau«, sagt da die kleine, alte Dame, als bäte sie um Entschuldigung. Sogar zu lächeln versuchte sie. »Ich will Ihnen selbstverständlich keine Ungelegenheiten machen.«

»Bei uns verkehren zwei Stobrawas«, konstatierte der Kellner. »Der Name ist gar nicht so selten, wie man denken könnte.«

»Ich habe sein Bild mit.« Sie holte aus ihrer Handtasche eine Fotografie heraus. Es ist ein Gruppenbild. Von irgendeinem fröhlichen Ausflug, den man früher einmal machte. Verwandte waren dabei. An einer Waldlichtung zog ein junger Mann den Hut und fragte, ob sich die Herrschaften nicht fotografieren lassen möchten. Herr Stobrawa war gerade guter Laune und ließ es sich was kosten.

»Hier vorn der dicke Herr, das ist Herr Stobrawa.« Sie spricht von ihrem Mann, als wäre sie seine Haushälterin.

Der Kellner betrachtet das Bild lange Zeit. »Der eine von unseren Stobrawas ist dicker als der hier. Und der andere ist größer.«

»Der dickere könnte es schon sein. Die Aufnahme ist ja über ein Jahr alt!«

Die Garderobenfrau blickt dem Kellner über die Schulter, sagt nichts und sieht nur die kleine, alte Dame zuweilen von der Seite an.

»Ja«, sagte der Kellner, »da müssen Sie schon mal woanders fragen, gnä' Frau. Unsere Stobrawas sind das nicht. Sie kommen auch fast nie in Damenbegleitung!«

Sie packt das Bild sehr behutsam wieder ein. »Entschuldigen Sie vielmals«, sagt die kleine, alte Dame und wendet sich zum Gehen. Sie lächelt schon wieder und tut, als habe sie sich bloß zum Spaß erkundigt. »Guten Tag.«

»Guten Tag, gnä' Frau«, sagt der Kellner.

»Guten Tag«, sagt die Garderobenfrau.

Der Boy springt auf und hebt den Vorhang an der Tür zur Seite. Sie nickt und will hinaus. Da schlägt die Tür von draußen. Man hört Gelächter. Ein junges Mädchen kommt herein. Ihr folgt ganz dicht ein dicker Herr. Sie lacht. Frische, kalte Luft weht ins Lokal.

Die kleine, alte Dame ist zurückgewichen und starrt den Herrn an. Er sieht sie, wird rot, will grüßen, unterlässt es, hustet. Das junge Mädchen blickt sich ungeduldig um. »Komm!« ruft sie. Er wendet den Kopf unsicher von Frau Stobrawa fort.

Die kleine, alte Dame geht langsam durch die Tür. Wer durch die Scheiben blickt, kann sie noch sehen. Jetzt steht sie am Straßenbord und achtet besorgt auf die Autos, als sei ihr Leben äußerst kostbar. Der Kellner stöhnt komisch auf. Der Boy hält noch immer den Türvorhang in der Hand. Die Gäste lesen Zeitung. Dann geht der Kellner zum Büfett und sagt zur Mamsell: »Zweimal Kaffee, doppelt Milch und einen Mohnstrudel für Herrn Stobrawa.«

Zweikampf auf Umwegen

PAULINE [...] *zu Dora gewendet*: Sie haben soeben aufgezählt, was
Sie für Vorteile halten ... Die gesellschaftliche Stellung ... die
Eleganz ... die Erfahrungen ... Wer sagt Ihnen, dass diese Dinge immer Vorzüge *sind*? ... Vorzüge *bleiben*? *Nicht ohne Malice*
Um wie vieles reizvoller mag dem einen oder anderen ein junges Mädchen erscheinen, das so unschuldig und zugleich so un-
geduldig ist, wie Sie es sind? Wer verspeist werden möchte, er-
weckt zwangsläufig Appetit! *sachlich* Und die Hauptsache! Die
Männer lieben an uns mancherlei ... die Schönheit ... die Leidenschaft ... die Klugheit ... die Sanftmut ... den Humor ... die
Haarfarbe ... die Keuschheit ... oder auch deren Gegenteil ...
Und wenn wir wiederlieben, passen wir uns an ... Wir färben
uns das Haar ... Wir werden schlanker ... Wir mästen unser
Temperament ... Wir färben den Charakter ... Wir erfüllen jeden Wunsch, kaum, dass wir ihn ahnen ... Wir hungern ja nach
Wünschen! – Nur eins können wir nicht hervorzaubern ... und
dieser Zauber ist der mächtigste! ... Es ist der Reiz der *Neuheit*! –
Die Frau, mit der ein Mann zusammenlebt, hat einen unver-
meidlichen, täglich weniger reparablen Fehler: eben den, dass er
sie *kennt*! ... Die Kinder, die am Tage nach Weihnachten zu ihrem
alten Spielzeug greifen, sind sehr viel seltener als die anderen,
die dann nur noch mit den neuen Geschenken spielen ... Auch
wenn das alte Spielzeug hübscher, haltbarer und teurer war ...

[...] *nach kurzer Pause*: Der Mann, von dem wir sprechen, gehört zu *den* Kindern, die *neues* Spielzeug bevorzugen ...

DORA: Wenn er anders wäre, säßen *Sie* heute nicht hier!

PAULINE *nickt ernst*: Das stimmt nur zu sehr ... Ich war auch einmal ... die Neue. – Und wenn er nicht so wäre, wie er ist, brauchte ich nicht zu fürchten, dass eines Tages eine andere an meiner Stelle hiersitzen könnte ... Zum Beispiel *Sie* ...

DORA *ironisch*: Ich bin nur ein »Beispiel«. – Im Grunde duellieren Sie sich gar nicht mit mir, sondern mit *ihm* ... Ein Zweikampf auf Umwegen!

PAULINE *ernst*: So ist es. – Ich habe gelernt, die Augen zu schließen, wenn es nicht unbedingt nötig ist, sie offen zu halten. In *Ihrem* Fall muss ich sie weit aufhaben ... sehr weit ...

Hotelsolo für eine Männerstimme

Das ist mein Zimmer und ist doch nicht meines.
Zwei Betten stehen Hand in Hand darin.
Zwei Betten sind es. Doch ich brauch nur eines.
Weil ich schon wieder mal alleine bin.

Der Koffer gähnt. Auch mir ist müd zumute.
Du fuhrst zu einem ziemlich andren Mann.
Ich kenn ihn gut. Ich wünsch dir alles Gute.
Und wünsche fast, du kämest niemals an.

Ich hätte dich nicht gehen lassen sollen!
(Nicht meinetwegen. Ich bin gern allein.)
Und doch: Wenn Frauen Fehler machen wollen,
dann soll man ihnen nicht im Wege sein.

Die Welt ist groß. Du wirst dich drin verlaufen.
Wenn du dich nur nicht allzu weit verirrst …
Ich aber werd mich heute Nacht besaufen
und bisschen beten, dass du glücklich wirst.

Sentimentale Reise

O verflucht, ist man alleine!
Was man hört und sieht, ist fremd.
Und im Stiefel hat man Steine.
Und schon spürt man eine kleine
Sehnsucht unterm Oberhemd.

Man betrachtet, was Ihr rietet,
und fährt hoch und rund und weit.
Man bewundert, was sich bietet.
Doch das Herz ist ja vermietet.
Man vertreibt sich nur die Zeit.

Wenn doch endlich Einer grüßte!
Wenn Ihr kämt und nicht nur schriebt!
Doch man steht wie in der Wüste
und begafft die Bronzebüste
eines Gottes, den's nicht gibt.

Wer es wünscht, kann selbstverständlich
auch ganz andre Büsten sehn.
(Gegen Eintritt, es ist schändlich!)
Man denkt nach. Und lässt es endlich,
wie so Vieles, ungeschehn.

Ja, die Welt ist wie ein Garten.
Und man wartet wie bestellt.
Doch da kann man lange warten.
Und dann schreibt man Ansichtskarten,
dass es einem sehr gefällt.

Nachts steckt man durchs Fenster seinen
Kopf und senkt ihn wie ein Narr.
Und man hört die Katzen weinen.
Und am Morgen hat man einen
schönen Bronchialkatarrh.

Papa Külz isst einen Aufschnitt

Jener Platz in Kopenhagen, an dem die Königliche Oper steht, heißt der Kongens Nytorv. Es ist ein außerordentlich freundlicher, geräumiger Platz. Und will man ihn mit der Muße betrachten, auf die er Anspruch hat, setzt man sich am besten vors Hotel d'Angleterre.

Unter freiem Himmel, vor der Front des Hotels, stehen in langen Reihen Stühle und Tische. Gäste aus aller Welt sitzen nebeneinander, lassen sich sorgfältig bedienen und finden sich notgedrungen mit den Annehmlichkeiten des Lebens ab. Übrigens kehren kein Stuhl und kein Gast dem Platz den Rücken. Man sitzt wie im Parterre eines vornehm bewirtschafteten Freilichttheaters, blickt gemeinschaftlich zur Fassade des Opernhauses hinüber und ergötzt sich an dem heiteren Treiben, das die Kopenhagener Bürger ihren Fremden darzubieten gewohnt sind. [...]

Am Kongens Nytorv steht die Zeit still.

Infolge dieses Umstandes erübrigt es sich begreiflicherweise, den Zeitpunkt näher zu bestimmen, an dem Fleischermeister Oskar Külz den Platz überquerte und aufs Hotel d'Angleterre zusteuerte.

Külz trug einen grünen imprägnierten Lodenanzug, einen braunen Velourshut und einen buschigen, graumelierten Schnurrbart. In der rechten Hand hielt er einen knorrigen Spazierstock, in der linken Griebens Reiseführer für »Kopenhagen und Umgebung«.

Vor der Balustrade, hinter der die vordersten Tische standen, machte er halt und blickte nachdenklich und zögernd über die an den Stuhlketten aufgereihten Gäste hin. Hierbei bemerkte er, dass sich eine sehr geputzte und lackierte Dame flüsternd zu ihrem Begleiter beugte und dass dieser ihn musterte und milde belächelte, als gelte es, etwas zu verzeihen.

Das war entscheidend. Hätte jener Herr nicht gelächelt, so wäre Fleischermeister Külz weitergegangen. Und dann hätte die Geschichte, die jetzt allmählich beginnt, einen anderen Verlauf nehmen müssen, als sie schließlich und tatsächlich nahm.

So aber murmelte Külz das Wort »Schafszipfel« und setzte sich protzig und breitspurig an ein freies Tischchen. Damit geriet er in das Räderwerk von Ereignissen, die ihn zwar nichts angingen und die ihn doch in kürzester Zeit fünf Pfund seines Lebendgewichts kosten sollten.

Als Külz sich setzte, stöhnte der zierliche Stuhl vor Schmerz auf. Ein Pikkolo flitzte herbei und fragte: »Please, Sir?«

Der Gast schob den Veloursehut ins Genick. »Menschenskind, ich kann kein Dänisch. Bring mir ein Töpfchen Helles! Aber ein großes Töpfchen.«

Der Pikkolo verstand nichts, verneigte sich und verschwand im Hotel. Külz rieb sich die Hände. Dann tauchte ein befrackter Kellner auf. »Womit kann ich Ihnen dienen, mein Herr?«

Der Gast blickte misstrauisch hoch. »Mit einem großen Pilsner«, erklärte er. »Schicken Sie mir nun noch den Geschäftsführer auf den Hals, oder ist es Ihnen lieber, wenn ich ein schriftliches Gesuch einreiche?«

»Ein Pilsner, sehr wohl!«

»Und was zum Essen. Einen kleinen Aufschnitt, wenn's nicht

zu viel Umstände macht. Mit verschiedenen Wurstsorten. Mich interessiert eure dänische Wurst beruflich. Ich bin ein Berliner Fleischermeister.«

Der Kellner verriet nicht, was er dachte, verneigte sich stattdessen und verschwand.

Külz stellte seinen Spazierstock an die Balustrade, stülpte den braunen Velourshut auf den vergilbten Horngriff und lehnte sich wohlgemut zurück.

Die Stuhllehne ächzte.

Er betrachtete Stuhl und Tisch und sagte bekümmert: »Die reinsten Konfirmandenmöbel!«

Diese Bemerkung brachte es mit sich, dass ein Fräulein, das allein am Nebentisch saß, lachen musste.

Oskar Külz war überrascht. Er drehte den Oberkörper halbrechts, machte eine ungeschickte Verbeugung und sagte: »Entschuldigen Sie vielmals!«

Das Fräulein nickte ihm munter zu. »Wieso? Ich bin auch aus Berlin.«

»Aha!«, erwiderte er. »Deshalb sprechen Sie deutsch!« Anschließend wurde ihm die bodenlose Tiefsinnigkeit seiner Schlussfolgerung klar. Er schüttelte, ärgerlich über sich selber, den Kopf und stellte sich, da ihm nichts Klügeres einfiel, vor. »Mein Name ist Külz«, sagte er.

Sie schlug die Hände zusammen. »Sie sind Herr Külz? Nein, das ist lustig! Dann kaufen wir ja unser Fleisch bei Ihnen!«

»Bei Oskar Külz?«

»Das weiß ich nicht. Gibt es denn mehrere Külze?«

»Das kann man wohl sagen.«

»Am Kaiserdamm.«

»Das ist Otto, mein Jüngster.«

»Eine ausgezeichnete Fleischerei«, versicherte sie.

»Doch, doch. Aber von Leberwurst versteht er nichts. Da sollten Sie mal bei Hugo Leberwurst kaufen! Das ist mein zweiter Junge. In der Schlossstraße in Steglitz. Der macht Leberwurst! Meine Herren!«

»Ein bisschen weit, wenn man am Kaiserdamm wohnt«, meinte sie. »Trotz seiner Leberwurst.«

»Dafür hat Hugo nun wieder keine blasse Ahnung von Fleischsalat. Der ist ihm nicht beizubringen!«, erklärte Vater Külz streng.

»So, so«, sagte das Fräulein.

»Fleischsalat, das ist die Spezialität von Erwin. Dem Mann meiner ältesten Tochter. In der Landsberger Allee. Erwin macht Ihnen eine Mayonnaise – dafür lassen Sie alles andere stehen und liegen, Fräulein!«

»Und wo ist Ihr eigenes Geschäft?«, fragte sie eingeschüchtert. Die vielen Fleischermeister begannen ihr langsam über den Kopf zu wachsen.

»In der Yorckstraße«, sagte er. »Im vorigen Oktober hatte ich das dreißigjährige Jubiläum. Mein Bruder Karl hat's im nächsten Jahr. Im April. Nein, im Mai.«

»Ihr Herr Bruder ist auch Fleischer?«, fragte sie besorgt.

»Natürlich! Mit drei Schaufenstern! Am Spittelmarkt. Und Arno, mein Ältester, auch. Der hat seinen Laden am Breitenbachplatz. Na, und Georg, mein andrer Schwiegersohn, hat sein Geschäft in der

Uhlandstraße. Dabei wollte Hedwig, meine zweite Tochter, alles andre eher heiraten – einen Lehrer oder einen Klavierspieler oder einen Feuerwehrmann, nur keinen Fleischer! Und dann hat sie doch den Georg genommen. Der war bei mir zwei Jahre lang erster Geselle.«

»Um alles in der Welt!«, sagte das Fräulein erschöpft. »Lauter Fleischer! Davon kann man ja träumen!«

»Es ist Schicksal!«, meinte Külz. »Mein Großvater war Fleischer. Mein Vater war Fleischer. Mein Schwiegervater war Fleischer. Uns liegt das Wurstmachen gewissermaßen im Blut.«

»Ein schönes Bild«, behauptete das Fräulein.

In diesem Augenblick kam der Oberkellner. Er schob einen Rolltisch, behutsam wie einen Kinderwagen für Zwillinge, vor sich her. Auf dem Rolltisch befanden sich ein Glas Bier und eine Platte mit Wurst und Braten.

Wenn ein Fleischermeister beim Anblick einer Wurstplatte erschrickt, muss das besondere Gründe haben.

Külz erschrak sehr. »Das ist wohl ein Missverständnis«, sagte er. »Ich habe einen kleinen Aufschnitt bestellt, und Sie bringen eine Platte für zwölf Personen!«

Der Kellner zuckte die Achseln. »Der Herr wollte die dänische Wurst studieren.«

»Aber doch nicht bis Weihnachten!«, knurrte Külz. Seine Nachbarin lachte und meinte: »Sie sind ein Opfer Ihres Berufs. Beißen Sie die Zähne zusammen, lieber Herr Külz, und lassen Sie sich's gut schmecken!«

Auf dem Kongens Nytorv trippelten Tauben. Blau, grau und silbergrün war ihr Gefieder. Sie nickten eifrig mit den Köpfen. Weswegen sie mit den Köpfen nickten, lässt sich schwer beurteilen. Vielleicht war es nur eine schlechte Angewohnheit? Wenn ein Auto des Weges kam, flogen sie auf. Wie Wolken, die zum Himmel heimkehren.

Fleischermeister Külz ergriff Messer und Gabel. »Dazu bin ich nun ausgerissen«, murmelte er erschüttert. […]

Beharrlich vertilgte Fleischermeister Külz eine Scheibe Wurst nach der andern. Aber es war eine Sisyphusarbeit. Schließlich legte er Besteck und Serviette beiseite, blickte unfreundlich auf die Platte, die noch reich beladen war, und zuckte die Achseln. »Ich geb's auf!«, murmelte er und lächelte dem hübschen Fräulein zu.

»Hat's geschmeckt?«

Er nickte ermattet. »Alles, was recht ist. Die Dänen verstehen was von Wurst.«

Der Oberkellner kam und räumte ab.

Külz holte eine Zigarre hervor und rauchte sie voller Empfindung an. Dann schlug er ein Bein übers andre und meinte: »Wenn mich meine Alte hier sitzen sähe!«

»Warum haben Sie denn Ihre Frau Gemahlin nicht mitgebracht?«, erkundigte sich das Fräulein. »Musste sie im Geschäft bleiben?«

»Nein, es war eigentlich anders«, erwiderte Külz elegisch. »Sie weiß gar nicht, dass ich in Kopenhagen bin.«

Das Fräulein blickte ihn erstaunt an.

»Meine Söhne wissen auch nichts davon«, fuhr er verlegen fort.

»Meine Töchter auch nicht. Meine Schwiegersöhne auch nicht. Meine Schwiegertöchter auch nicht. Meine Geschwister auch nicht. Meine Enkel auch nicht.« Er machte eine Atempause. »Ich bin einfach getürmt. Schrecklich, was?«

Das Fräulein hielt mit ihrem Urteil zurück.

»Ich konnte plötzlich nicht mehr«, gestand Herr Külz. »Am Sonnabendabend ging's los. Wieso, weiß ich selber nicht. Wir hatten im Laden viel zu tun. Ich ging über den Hof und wollte im Schlachthaus einen Spieß Altdeutsche holen. Ich blieb vor den Schlachthausfenstern stehen. Der zweite Geselle drehte Rindfleisch durch den Wolf. Wir verkaufen nämlich sehr viel Geschabtes. Ja, und da sang eine Amsel.« Er strich sich den buschigen Schnurrbart. »Vielleicht war gar nicht die Amsel daran schuld. Aber mit einem Male fiel mir mein Leben ein. Als hätte der liebe Gott auf einen Knopf gedrückt. Zentnerschwer legten sich alle Kalbslenden, Rollschinken, Hammelkeulen und Schweinsfüße der letzten dreißig Jahre auf meine Seele. Mir blieb die Luft weg!« Er zog nachdenklich an der Zigarre. »Mein Leben ist natürlich nichts Besondres. Aber mir hat's genügt. Immer wenn ich dachte: ›Nun hast du dir ein paar Groschen gespart‹, wollte eines der Kinder heiraten. Und dann musste man einem der Jungen oder einem der Schwiegersöhne ein Geschäft kaufen. Oder es kam der Bruder oder ein Schwager und hielt die Hand hin. Nie habe ich für mich selber Zeit gehabt.« Er senkte den grauen Schädel. »Na ja, und gerade als mir das einfiel, sang dieses Mistvieh von einer Amsel. Sehen Sie, Fräulein, so ein langes Leben – und weit und breit nichts als Wurstspeiler, Eisschränke, Hackklötze, Darmbestellungen und Pökelfässer! Das hält kein

Schwein aus, geschweige ein Fleischer!« Der alte Mann hob müde die Hände und ließ sie wieder sinken. Und sein treuherziges Gesicht war voller Trauer.

»Und dann?«, fragte das Fräulein behutsam.

»Dann holte ich erst einmal den Spieß Altdeutsche nach vorn. Und nach Geschäftsschluss rechneten wir ab. Es war genau wie an jedem Sonnabend. Aber ich tat alles wie ein aufgezogener Automat. Und später fuhren wir zu Hedwig und Georg. Otto und seine Frau waren auch da. Und wir sprachen vom Umsatz, von den Engrospreisen und von den Kindern. Fritz hätte aus der Schule den Keuchhusten mitgebracht. Und der kleine Kurt hätte gesagt, wenn er erst groß wäre, würde er Obermeister in der Fleischerinnung.«

Oskar Külz zog sein Taschentuch hervor und trocknete sich die Stirn, auf der sich die Längsfalten wie unbeschriebene Notenlinien ausnahmen. »Ich liebe meine Familie«, sagte er, »und meinen Beruf liebe ich auch. Aber plötzlich hing mir das alles zum Hals heraus. Die Wurstmaschine, die ich geworden bin, blieb mit einem Ruck stehen. Kurzschluss! Aus! Soll man wirklich nur arbeiten? Und soll man wirklich nur an andere denken? Ist die Welt dazu schön, damit man, ohne sich umzudrehen, vom Schlachthof geradenwegs auf den Friedhof galoppiert? Jeder Mensch denkt gelegentlich einmal an sich selber. Und nur der olle Külz soll das nicht dürfen?«

Er schüttelte den Kopf. »Vielleicht sollte man den Amseln polizeilich das Singen verbieten. Kann sein. Kann sein, auch nicht. Das ist nicht mein Gebiet. Am Sonntagmorgen, früh um fünf Uhr, stand ich jedenfalls auf. Sagte Emilie, meiner Frau, ich wollte in Bernau Selbmann besuchen. (Er und ich, wir waren seinerzeit miteinander bei Schmitz in Potsdam Gesellen.) Dann steckte ich mir Geld ein und fuhr auf den Stettiner Bahnhof. Dort sah ich nach, wann ein Schnellzug führe. Möglichst weit weg. Und am Sonntagnachmittag war ich in Kopenhagen.« Er lächelte in der Erinnerung an seine Flucht. Er lächelte wie ein Junge, der die Schule geschwänzt hat. Das wirkte, vor allem im Hinblick auf seinen buschigen grauen Schnurrbart, wie ein Lächeln mit sehr, sehr viel Verspätung.

»Herr Külz«, meinte das Fräulein, »Sie sind ein alter Sünder.«

»Nicht doch!«

»Haben Sie sich wenigstens tüchtig umgeschaut?«, fragte sie.

»O ja«, sagte er. »Es reicht. Ich war in Roskilde. Ich war drüben in Malmö. Ich war an Hamlets Grab. Obwohl es sehr zweifelhaft ist, ob er drinliegt. Ich war oben in Gilleleje und habe im Meer gebadet. Liebes Fräulein, dass man nicht früher angefangen hat, sich die Welt anzusehen – ich könnte mich stundenlang backpfeifen.«

»Und wie oft«, fragte sie, »haben Sie Ihrer Familie geschrieben?«

»Überhaupt nicht«, erklärte er. »Die werden sich wundern, wie lange ich in Bernau bleibe!«

»Entschuldigen Sie«, sagte das Fräulein ernst, »aber das geht entschieden zu weit! Ihre Frau hat doch spätestens am Montag früh in Bernau angerufen und erfahren, dass Sie gar nicht dort waren!«

»Glauben Sie?«, fragte er. »Das sähe Emilie ähnlich.«

»Vielleicht glaubt man, dass Ihnen ein Unglück zugestoßen ist! Ihre Familie wird in tausend Ängsten schweben.«

»Soll sie schweben!«, bemerkte er gelassen. »Külz will auch mal seine Ruhe haben. Man ist ja schließlich kein Weihnachtsmann!«

Das Fräulein schwieg eine Weile. Dann sagte sie: »Ich weiß natürlich nicht genau, wie einem als Fleischermeister und Großvater zumute ist.«

»Eben«, meinte er.

»Aber eines weiß ich. Dass Sie jetzt schleunigst eine Ansichtskarte besorgen und Ihrer Frau schreiben. In der Hotelhalle gibt es Karten.«

Külz blickte das Fräulein von der Seite an.

Sie sagte: »Ich bitte darum.«

Er gab sich einen Ruck, stand auf, schritt ins Hotel und murmelte: »Schon wieder unterm Pantoffel!«

Der Handstand auf der Loreley
(Nach einer wahren Begebenheit)

Die Loreley, bekannt als Fee und Felsen,
ist jener Fleck am Rhein, nicht weit von Bingen,
wo früher Schiffer mit verdrehten Hälsen,
von blonden Haaren schwärmend, untergingen.

Wir wandeln uns. Die Schiffer inbegriffen.
Der Rhein ist reguliert und eingedämmt.
Die Zeit vergeht. Man stirbt nicht mehr beim Schiffen,
bloß weil ein blondes Weib sich dauernd kämmt.

Nichtsdestotrotz geschieht auch heutzutage
noch manches, was der Steinzeit ähnlich sieht.
So alt ist keine deutsche Heldensage,
dass sie nicht doch noch Helden nach sich zieht.

Erst neulich machte auf der Loreley
hoch überm Rhein ein Turner einen Handstand!
Von allen Dampfern tönte Angstgeschrei,
als er kopfüber oben auf der Wand stand.

Er stand, als ob er auf dem Barren stünde.
Mit hohlem Kreuz. Und lustbetonten Zügen.
Man frage nicht: Was hatte er für Gründe?
Er war ein Held. Das dürfte wohl genügen.

Er stand, verkehrt, im Abendsonnenscheine.
Da trübte Wehmut seinen Turnerblick.
Er dachte an die Loreley von Heine.
Und stürzte ab. Und brach sich das Genick.

Er starb als Held. Man muss ihn nicht beweinen.
Sein Handstand war vom Schicksal überstrahlt.
Ein Augenblick mit zwei gehobnen Beinen
ist nicht zu teuer mit dem Tod bezahlt!

P. S. Eins wäre allerdings noch nachzutragen:
Der Turner hinterließ uns Frau und Kind.
Hinwiederum, man soll sie nicht beklagen.
Weil im Bezirk der Helden und der Sagen
die Überlebenden nicht wichtig sind.

Arthur ärgert alle Leute

Mein Freund Arthur verbindet die Ansicht, dass die Erde zu Bean-
standungen Anlass gibt, mit ungewöhnlichem Mangel an Ernst-
haftigkeit. Niemals ist man davor sicher, dass er, harmlosen Ge-
sichts, etwas anstellt, was ihn und seine Begleiter in den Augen der
Mitwelt merklich herabsetzt. Fortwährend revoltiert er gegen die
Gesetze der bürgerlichen Ordnung und des Wohlanstands: Doch
seinen Revolten fehlt jede Würde. Wenn es noch Hofnarren gäbe,
wüsste ich einen Beruf für ihn. So aber beschränkt er sich, als geis-
tiger Gelegenheitsarbeiter, darauf: zu vegetieren. In New York hat
er allerdings einmal, mit einer Hamburger Kunstgewerblerin gemeinsam, ein kleines Restaurant besessen. Ich würde das nicht
glauben, wenn er mir nicht versichert hätte, das Lokal habe nach
zwei Monaten Bankrott gemacht. Nur dadurch rückt die Geschichte in den Bereich der Wahrscheinlichkeit. Abgesehen von diesem
seriösen Versuch, etwas sogenannt Nützliches zu tun, ist mir nichts
bekannt, was darauf schließen ließe, dass er die Arbeit schätzt.
Sein Mangel an sittlichem Ernst verbietet ihm alle Arten von chro-
nischer Beschäftigung.

Aber er ist deswegen nicht müßig. Es kann geschehen, dass er,
mitten in einem miserablen Theaterstück, heftig zu applaudieren
beginnt und laut ruft: »Gut! Guuut!« Wenn sich dann die entrüste-
ten Zuschauer nach ihm umdrehen, blicken sie in ein so fassungs-
los begeistertes, hingerissen leuchtendes Gesicht, dass sie nicht die

Rohheit aufbringen zu schimpfen. Oder er geht, im Foyer, auf irgendeinen vorbildlich gekleideten, hochnäsigen Herrn zu, haut ihm eins auf die Schulter und schreit: »Nein, so ein Zufall! Wie lange haben wir uns nicht mehr gesehen, Gotthold? Weißt du noch, wie wir damals den Pudel der Frau Direktor Habekuss rot angemalt haben?« Und er beginnt schrecklich zu lachen, bis alle Anwesenden aufmerksam werden und hinzutreten. Und wenn dann Gotthold, leichenblass, erklärt, er kenne den Herrn hier und die Frau Direktor Habekuss nicht, heiße Hansdieter und habe nie im Leben Pudel rot gefärbt, lacht mein Freund Arthur noch mehr und sagt: »Du alter Schwede, du«, droht mit dem Finger und trollt sich.

Es ist nicht immer leicht, in derartigen Fällen die Fassung zu bewahren. Oft zieht er die Freunde, die ihn begleiten, in seine Affären hinein. Arthur hat vor niemandem Respekt, das ist das Schlimme. Ihn ärgert das stille Übereinkommen der Mitmenschen, einander durch zwar unbegründete, dafür aber wechselseitige Hochachtung über Wasser zu halten. Till Eulenspiegel gefällt ihm besser als Napoleon. Es ist aussichtslos, ihm zu widersprechen.

Neulich fuhren wir im Autobus. Der Wagen war voll. Wir mussten stehen. Plötzlich fragt er mich, sehr laut: »Was ist das für ein Gebäude, Jonathan?«, und zeigt auf den Dom. Ich blicke ihn erstaunt an. Sollte er wirklich nicht wissen, dass das der Dom ist? Er kneift ein Auge zu. Und ich sage kurzentschlossen: »Das ist die Hauptfeuerwache.«

»Was ist das?«, fragt er und hält die Hand ans Ohr. Er stellt sich also auch noch schwerhörig.

»Die Hauptfeuerwache!«, schreie ich.

Er nickt, lächelnd, und meint: »So, so. Freilich. Ich hätte es mir denken können.«

Die Insassen des Wagens sehen zum Fenster hinaus, schauen sich betroffen an, mustern uns bedenklich. Der Wagen hält. Der Wagen fährt weiter.

»Und das da?«, fragt Arthur und zeigt auf die Universität.

»Das ist eine Anstalt für schwachsinnige Kinder!«, schreie ich zurück. Er nickt freundlich dankend und sagt: »Schön haben sie's hier, die kleinen Idioten.« Humanes Lächeln vergoldet seine Züge. Die Fahrgäste werden langsam unruhig. »Ist ja ein Riesengebäude, Jonathan«, fügt er hinzu.

»Ja«, schreie ich, »der Blödsinn ist hier sehr verbreitet! Da kommt übrigens das Rathaus!«

»Aha. Liegt so still, nicht?«

»Die Herren sind viel unterwegs«, antworte ich. »Ein paar erholen sich in der Schweiz, ein paar lassen sich operieren, die meisten haben Gerichtsferien.«

Ein Fahrgast lacht durch die Nase. Die anderen scheinen tief gekränkt. »Wir stören die Herrschaften. Du musst leiser sprechen«, ruft er.

»Jawohl, Vercingetorix!«, rufe ich zurück. »Ich fürchte nur, du verstehst mich dann nicht.«

Er lächelt gewinnend. »Wie du wünschst. Ich richte mich ganz nach dir. Du kennst die Stadt ja viel besser. Hauptsache, dass Musik gemacht wird. Findest du übrigens nicht auch, dass sich mein Gehör gebessert hat?«

»Ganz bedeutend gebessert!«, sage ich.

»Ja«, erwidert er. »Fleischessen bekommt mir nicht. Der Arzt riet davon ab. Es erzeuge Rheumatismus.«

Die Fahrgäste sitzen versteinert. Ich habe den Eindruck, sie versäumen vor Empörung ihre Haltestellen. Wir fahren durchs Brandenburger Tor.

»Wer wohnt denn hier?«, fragt Arthur und zeigt auf die verwitterten Säulen.

»Das ist ein Verkehrsturm!«

»Und die Pferdchen obendrauf?«

»Ein Denkmal für die letzten Droschkenpferde!«

»Interessant«, sagt Arthur, »der Kutscher hat fast gar nichts an.«

»Das ist symbolisch zu verstehen. Wegen der Steuer.«

Ein ernster würdiger Herr mit Kneifer hustet und wird blau. Eine dicke Dame rutscht auf dem Sitz umher, als werde sie geröstet, und sagt zu Arthur: »Das Brandenburger Tor.« Er lächelt ihr zu und sagt: »Entschuldigung, gnädige Frau. Hat es sehr weh getan?« – »Das Brandenburger Tor«, schreit die dicke Dame, und Tränen füllen ihre Augen.

»Mein Gott, muss ich sie getreten haben«, sagt Arthur zu mir. Ich hätte große Lust auszusteigen und antworte: »Wir sind gleich da.«

»Was stellt das dar?«, fragt Arthur und zeigt auf den Tiergarten.

Da erhebt sich jemand, fuchtelt mir mit dem Schirm vor der Nase herum und brüllt: »Wenn Sie ihm jetzt erzählen, das sei die Nationalgalerie, dann haue ich Ihnen eine hinter die Ohren, dass Sie taubstumm werden!«

»Danke schön.« Arthur verbeugt sich wohlerzogen vor dem Herrn, der mich so anbrüllt.

»Aber beruhigen Sie sich«, sage ich, »ich weiß doch, dass das das Tempelhofer Feld ist.«

Plötzlich sind sämtliche Sitzplätze frei, alle Fahrgäste sind aufgesprungen und schreien wütend durcheinander. Arthur setzt sich und lächelt.

»Bei dem Dom ging dieses Affentheater los!«, kreischt ein blasses Fräulein.

»Und die Universität wäre eine Anstalt für Schwachsinnige!«

»Und die Staatsbibliothek wäre das Rathaus!«

»Und das Brandenburger Tor wäre ein Verkehrsturm!«, heult die dicke Dame und trocknet sich die Tränen.

Ich trete auf die Plattform. »Herr Ober«, sage ich zu dem Schaffner, »wollen Sie, bitte, die Herrschaften im Wagen zur Ordnung rufen«, und springe ab.

An der nächsten Haltestelle erwartet mich Arthur bereits. »War sehr nett«, erklärt er. »Welch ein Temperament! Aber sie wissen alles besser!«

An der Voßstraße tritt er an ein wartendes Auto und fragt die darin sitzende, von Hündchen umgebene Dame: »Können Sie mir, bitte, sagen, wie spät es ist?«

»Ich habe keine Uhr bei mir«, antwortet sie streng.

»Schade«, sagt Arthur und bleibt neben ihr stehen.

Da trete ich vor ihn hin, ziehe den Hut und frage: »Können Sie mir, bitte, sagen, wie spät es ist?«

Arthur holt seine Uhr aus der Tasche und sagt: »Sieben vor acht, mein Herr.«

»Danke schön«, antworte ich. Er geht zum Potsdamer Platz. Ich folge ihm langsam. Die Dame im Auto zerbeißt ihren Schleier.

Brief eines nackten Mannes

Geliehbte Frau! Mir geht es so weit guht
Auch siehst du aus den Brief das ich noch lebe.
Seit gestern abend bin ich ohne Hut
und an dem Schirm zerbrachen mir fier Stäbe.

Doch ist dass nicht so schlimm, du siehst das ein
Am Arm hab ich stattdessen braune Flecke.
Die Untergrundbahn mag ganz nützlich sein,
es war nur eine seer besuchte Strecke ...

Ja soein Grohsstadtleben ist fammos.
Und ein Verbrauch ist hier an Wein und Bieren!
Ganz wundervoll. Das eine kränkt mich blos.
Wie konnt ich nur die goldne Uhr verliehren!

Vorgestern war sie ganz bestimmt noch da,
ein Fräulein fragte mich wie spet es wäre,
und als ich speter wieder nach ihr sah.
na hin ist hin und ist mir eine Lehre.

Ich dachte kaufst Dir eine neue Uhr.
Ja wär nicht auch das Portmannäh verschwunden
schon tags vorher. Und ohne jede Spur
Im Fundbüroh hat es kein Mensch gefunden.

Wenn Du einmal den Rumel sehen würdst!
Cafees und Bahrbetrieb und Tanzballäste:
Und ein Parkett! Ich bin mal hingestürzt.
Ganz spiegelblank. Nicht wie in unsern Neste.

Die Hose war dabei etwas geplatzt
Drum wollt ich dann den dunklen Anzug tragen.
Den Du im Koffer eingemottet hast
doch wo der Koffer ist wer kann das sagen.

Ich ließ ihn wohl im ersten Zuge stehn
da ich zunäxst in falscher Richtung reißte.
den Mantel auch. – Geschehen ist geschehn.
Was fehlt mir noch? Das war ja wohl das Meiste.

Ich schreibe Dir aus Engelhorns Hotel,
und hab kein Geld und nicht genügend Kleider.
Schick mir von beiden und schick beides schnell!
Ich muss ja nun nachhauße … leider … leider.

Anmerkung: Es gibt noch solche Leute.
Aber sie werden selten.

Herr Schulze und Herr Tobler

Es schneite. Vor dem Postamt in der Lietzenburger Straße hielt eine große, imposante Limousine.

Zwei Jungen, die mit Schneebällen nach einer Laterne warfen, unterbrachen ihre aufreibende Tätigkeit.

»Mindestens zwölf Zylinder«, sagte der Größere.

»Eine klotzige Karosserie«, meinte der Kleinere.

Dann pflanzten sie sich vor dem Fahrzeug auf, als handle sich's mindestens um den Sterbenden Gallier oder den Dornauszieher.

Der pelzverbrämte Herr, welcher der klotzigen Karosserie entstieg, glich etwa einem wohlhabenden Privatgelehrten, der regelmäßig Sport getrieben hat. »Einen Moment, Brandes«, sagte er zu dem Chauffeur.

Dann trat er in das Gebäude und suchte den Schalter für postlagernde Sendungen.

Der Beamte fertigte gerade einen Jüngling ab. Er reichte ihm ein rosafarbenes Briefchen. Der Jüngling strahlte, wurde rot, wollte den Hut ziehen, unterließ es und verschwand hastig.

Der Herr im Gehpelz und der Oberpostsekretär lächelten einander an. »Das waren noch Zeiten«, sagte der Herr.

Der Beamte nickte. »Und nun sind wir alte Esel geworden. Ich jedenfalls.«

Der Herr lachte: »Ich möchte mich nicht ausschließen.«

»So alt sind Sie noch gar nicht«, meinte der Beamte.

»Aber schon so ein Esel!«, sagte der Herr vergnügt. »Ist übrigens ein Brief für Eduard Schulze da?«

Der Oberpostsekretär suchte. Dann reichte er einen dicken Brief heraus. Der Herr steckte den Brief in die Manteltasche, bedankte sich, nickte heiter und ging.

Die zwei Jungen standen noch immer vor dem Auto. Sie verhörten den Chauffeur. Er schwitzte bereits. Sie erkundigten sich, ob er verheiratet sei.

»Da hätte ich doch 'n Trauring um«, bemerkte er zurechtweisend. Die Jungen lachten. »Mensch, der nimmt uns auf die Rolle«, meinte der Größere.

»So was dürfen Sie mit uns nicht machen«, sagte der Kleinere vorwurfsvoll. »Mein Vater hat ihn auch in der Westentasche.«

Als der Herr aus dem Postamt trat, stieg der Chauffeur rasch aus und öffnete den Schlag. »So 'ne Bengels können einen alten Mann glatt ins Krankenhaus bringen«, sagte er verstört.

Herr Schulze musterte die Knirpse. »Sollen wir euch einmal ums Viereck fahren?« Sie nickten und schwiegen. »Na, dann rin in die gute Stube!«, rief er. Sie kletterten stumm in den Fond.

Die Fahrt ging los. »Dort kommt Arthur!«, sagte der Große. Der Kleine klopfte an die Scheibe. Beide winkten stolz. Arthur blieb stehen, blickte den Kameraden verständnislos nach und winkte erst, als das Auto um die Ecke gebogen war.

»Wie viele Kilometer ist Ihr Wagen schon gefahren?«, fragte der Kleinere.

»Keine Ahnung«, sagte Herr Schulze.

»Gehört er Ihnen denn nicht?«, fragte der Größere.

»Doch, doch.«

»Hat 'n Auto und weiß nicht, wie viel Kilometer es gelaufen ist!«, meinte der Größere kopfschüttelnd.

Der Kleinere sagte nur: »Allerhand.«

Herr Schulze zog das Schiebefenster auf. »Brandes, wie viel Kilometer ist der Wagen gefahren?«

»60 350 Kilometer!«

»Dabei sieht er noch wie fabrikneu aus«, meinte der kleine Junge fachmännisch. »Wenn ich groß bin, kauf ich mir genau denselben.«

»Du wirst niemals groß«, bemerkte der andere. »Du wächst nicht mehr.«

»Ich werde so groß wie mein Onkel Gotthold. Der geht nicht durch die Türe.«

»So siehst du aus! Du bleibst 'n Zwerg.«

»Ruhe!«, sagte Herr Schulze. »Brandes, halten Sie mal!«

Der Herr ging mit den zwei Jungen in ein Schokoladengeschäft. Sie durften sich etwas aussuchen. – Der Kleinere bekam Marzipanbruch, der Größere Drops mit Fruchtgeschmack.

Und für sich selber kaufte Herr Schulze eine Rolle Lakritzen. Die Verkäuferin rümpfte die Nase.

Dann transportierte Brandes die kleine Gesellschaft in die Lietzenburger Straße zurück. Die beiden Jungen dankten für alles Gebotene, stiegen aus und machten tiefe Verbeugungen.

»Kommen Sie hier öfter vorbei?«, fragte der Größere.

»Da würden wir nämlich jeden Tag aufpassen«, sagte der Kleinere.

»Das fehlte noch«, brummte Brandes, der Chauffeur, und gab

Gas. Die zwei Jungen sahen dem Wagen lange nach. Dann griffen sie in ihre Zuckertüten.

»Ein feiner Kerl«, sagte der Kleinere, »aber von Autos hat er keinen Schimmer.«

Das Essen hatte geschmeckt. Isolde, das neue Dienstmädchen, hatte abgeräumt, ohne Frau Kunkel eines Blickes zu würdigen. Johann, der Diener, brachte Zigarren und gab dem Herrn des Hauses Feuer. Fräulein Hilde, Toblers Tochter, stellte Mokkatassen auf den Tisch. Die Hausdame und der Diener wollten gehen. An der Tür fragte Johann: »Irgendwelche Aufträge, Herr Geheimrat?«

»Trinken Sie eine Tasse Kaffee mit uns! Die Kunkel auch. Und stecken Sie sich eine Zigarre ins Gesicht!«

»Sie wissen doch, dass ich nicht rauche«, sagte Frau Kunkel. Hilde lachte, Johann nahm eine Zigarre. Der Geheimrat setzte sich. »Nehmt Platz, Kinder! Ich habe euch etwas mitzuteilen.« Hilde meinte: »Sicher wieder etwas Originelles.«

»Entsetzlich«, stöhnte die Hausdame. (Sie litt an Ahnungen.) »Ruhe!«, befahl Tobler. »Entsinnt ihr euch, dass ich vor Monaten den Putzblank-Werken schrieb, man solle ein Preisausschreiben machen?«

Die anderen nickten.

»Ihr wisst aber nicht, dass ich mich an eben diesem Preisausschreiben, nachdem es veröffentlicht worden war, aktiv beteiligte! Und was ich bis heute früh selber noch nicht wusste, ist die erstaunliche Tatsache, dass ich in dem Preisausschreiben meiner eigenen Fabrik den zweiten Preis gewonnen habe!«

»Ausgeschlossen«, sagte Kunkel. »Den zweiten Preis hat ein gewisser Herr Schulze gewonnen. Noch dazu postlagernd. Ich hab's in der Zeitung gelesen.«

»Aha«, murmelte Fräulein Hilde Tobler.

»Kapieren Sie das nicht?«, fragte Johann.

»Doch«, sagte die Kunkel. »Der Herr Geheimrat verkohlt uns.«

Jetzt griff Hilde ein. »Nun hören Sie einmal gut zu! Mein Vater erzählt uns, er habe den Preis gewonnen. Und in der Zeitung steht, der Gewinner heiße Schulze. Was lässt sich daraus schließen?«

»Dann lügt eben die Zeitung«, meinte Frau Kunkel. »Das soll es geben.«

Die anderen bekamen bereits Temperatur.

»Es gibt noch eine dritte Möglichkeit«, sagte Tobler. »Ich könnte mich nämlich unter dem Namen Schulze beteiligt haben.«

»Auch das ist möglich«, gab Frau Kunkel zu. »Da kann man leicht gewinnen! Wenn man der Chef ist!« Sie wurde nachdenklich und schließlich streng. »Dann konnten Ihnen Ihre Direktoren aber den ersten Preis geben.«

»Kunkel, man sollte Sie mit dem Luftgewehr erschießen«, rief Hilde.

»Und dann mit Majoran und Äpfeln füllen«, ergänzte Johann.

»Das habe ich nicht verdient«, sagte die dicke alte Dame mit tränenerstickter Stimme.

Johann ließ den Mut noch nicht sinken. »Die Direktoren gaben doch den Preis einem ihnen vollkommen fremden Menschen!«

»Ich denke, dem Herrn Geheimrat!«

»Das wussten sie doch aber nicht!«, rief Hilde ärgerlich.

»Schöne Direktoren sind das«, meinte Frau Kunkel. »So etwas nicht zu wissen! Ha!« Sie schlug sich aufs Knie.

»Schluss der Debatte!«, rief der Geheimrat. »Sonst klettre ich auf die Gardinenstange.«

»Da haben Sie's«, sagte die Kunkel zu Johann. »Den armen Herrn Geheimrat so zu quälen!«

Johann verschluckte vor Wut eine größere Menge Zigarrenrauch und hustete. Frau Kunkel lächelte schadenfroh.

»Worin besteht denn dieser zweite Preis?«, fragte Hilde.

Johann gab hustend Auskunft. »Zehn Tage Aufenthalt im Grandhotel Bruckbeuren. Hin- und Rückfahrt 2. Klasse.«

»Ich ahne Fürchterliches«, sagte Hilde. »Du willst als Schulze auftreten.«

Der Geheimrat rieb sich die Hände. »Erraten! Ich reise diesmal nicht als der Millionär Tobler, sondern als ein armer Teufel namens Schulze. Endlich einmal etwas anderes. Endlich einmal ohne den üblichen Zinnober.« Er war begeistert. »Ich habe ja fast vergessen, wie die Menschen in Wirklichkeit sind. Ich will das Glashaus demolieren, in dem ich sitze.«

»Das kann ins Auge gehen«, meinte Johann.

»Wann fährst du?«, fragte Hilde.

»In fünf Tagen. Morgen beginne ich mit den Einkäufen. Ein paar billige Hemden. Ein paar gelötete Schlipse. Einen Anzug von der Stange. Fertig ist der Lack!«

»Falls sie dich als Landstreicher ins Spritzenhaus sperren, vergiss nicht zu depeschieren«, bat die Tochter.

Der Geheimrat schüttelte den Kopf. »Keine Bange, mein Kind.

Johann fährt ja mit. Er wird die zehn Tage im gleichen Hotel verleben. Wir werden einander allerdings nicht kennen und kein einziges Wort wechseln. Aber er wird jederzeit in meiner Nähe sein.«

Johann saß niedergeschlagen auf seinem Stuhl.

»Morgen lassen wir Ihnen bei meinem Schneider mehrere Anzüge anmessen. Sie werden wie ein pensionierter Großherzog aussehen.«

»Wozu?«, fragte Johann. »Ich habe noch nie etwas anderes sein wollen als Ihr Diener.«

Der Geheimrat erhob sich. »Wollen Sie lieber hierbleiben?«

»Aber nein«, erwiderte Johann. »Wenn Sie es wünschen, reise ich als Großherzog.«

»Sie reisen als wohlhabender Privatmann«, entschied Tobler. »Warum soll es immer nur mir gutgehen! Sie werden zehn Tage lang reich sein.«

»Ich wüsste nicht, was ich lieber täte«, sagte Johann tieftraurig. »Und ich darf Sie während der ganzen Zeit nicht ansprechen?«

»Unter gar keinen Umständen. Mit einem so armen Mann wie mir haben Herrschaften aus Ihren Kreisen nichts zu schaffen. Stattdessen dürfen Sie sich aber mit Baronen und internationalen Sportgrößen unterhalten. Richtig, eine Skiausrüstung werden Sie übrigens auch brauchen!«

»Ich kann nicht Ski fahren«, entgegnete der Diener.

»Dann werden Sie es lernen.«

Johann sank in sich zusammen. »Darf ich wenigstens manchmal in Ihr Zimmer kommen und aufräumen?«

»Nein.«

»Ich werde bestimmt nur kommen, wenn niemand auf dem Korridor ist.«

»Vielleicht«, sagte der Geheimrat.

Johann blühte wieder auf.

»Ich bin sprachlos«, sagte die Kunkel.

»Wirklich?«, fragte Hilde. »Im Ernst?«

Tobler winkte ab. »Leere Versprechungen!«

»Über fünfzehn Jahre bin ich in diesem Hause«, sagte die Kunkel. »Und es war dauernd etwas los. Der Herr Geheimrat hat immer schon zu viel Phantasie und zu viel Zeit gehabt. Aber so etwas ist mir denn doch noch nicht passiert! Herr Geheimrat, Sie sind das älteste Kind, das ich kenne. Es geht mich nichts an. Aber es regt mich auf.«

Bilanz per Zufall

Er hatte Geld. Er trank und aß
in dem Hotel, in dem er saß,
vom Teuersten und Besten.
Er war vergnügt und trank und aß
und winkte mit erhobnem Glas
den Kellnern und den Gästen.

Der Blumenfrau, die bei ihm stand,
nahm er die Blumen aus der Hand
und zahlte mit zwei Scheinen.
Die Rosen waren rot und kühl.
Er gab ihr dreißig Mark zu viel.
Da fing sie an zu weinen.

Die Hauskapelle, sechs Mann stark,
erhielt von ihm zweihundert Mark.
Sie konnte kaum noch spielen.
Er gab den Boys und Pikkolos,
den Fräuleins und den Gigolos.
Er gab, ohne zu zielen.

Die Rechnung sah er gar nicht an.
Er warf paar Scheine hin, und dann
verließ er jene Halle.
Bewundernd gingen, Schritt um Schritt,
die Tänzer, Boys und Kellner mit.
So liebten sie ihn alle!

Er freute sich und sprach: »Schon gut«
und nahm den Mantel und den Hut.
Da rief die Garderobiere:
»Ich kriege dreißig Pfennig für
die Kleider-Aufbewahrung hier!
Nicht zahlen, wie? Das wäre!«

Da blieb er stehn. Da lachte er
und suchte Geld und fand keins mehr
und konnte ihr nichts geben.
Die Blumenfrau, die Gigolos,
die Kellner, Boys und Pikkolos,
die standen fremd daneben.

Er blickte sich, fast bittend, um.
Die andern standen steif und stumm,
als sei er nicht mehr da.
Da zog er schnell den Mantel aus,
gab ihn der Frau, trat aus dem Haus
und dachte nur: Na ja.

Das lebensgroße Steckenpferd

Als ich wieder einmal die Eltern besuchte – es ist lange her, und mein Vater mag damals um die siebzig gewesen sein –, meinte die Mama: »Er tut seit Wochen so geheimnisvoll. Jede freie Minute steckt er im Keller.«

Zur Erläuterung muss gesagt werden, dass er sich dort unten, zwischen Steinkohlen, Briketts und Kartoffeln, eine Werkstatt eingerichtet hatte. Mit Petroleumlampe, Spirituskocher, Leimtopf, Leinenschürze, Sohlenleder, Pechfaden, Knieriemen, Dreikantfeilen, Pfriemen, Messern, Wachskugeln, Sandpapier, Nägeln, Holzstiften, scharfen Glasscherben, Schuhschäften, Saffianresten, Hämmern und Zangen aller Art und anderem Gerät.

Hier brachte er das ramponierte Lederzeug der Nachbarn wieder ins Geschick: Fritzchen Kießlings Schulranzen, Frau Försters Handtasche, Bäckermeister Ziesches Portemonnaie, Fräulein Jakobis Boxcalfschuhe und Lehrer Schurigs Rucksack für die Dolomitenwanderung. Meist kannte die Kundschaft ihren Kram kaum wieder, so prächtig war er hergerichtet. Und man zahlte statt mit Geld mit guten Zigarren. Denn Zigarrenrauchen war (und ist heute noch) »Vater Kästners« große Leidenschaft. Früher einmal hatte er die Werkstatt in der Küche aufgeschlagen gehabt, noch dazu vor dem einzigen Fenster. Bis die Mama kategorisch erklärt hatte, Leimgeruch vertrage sich nicht mit den sonstigen Küchendüften; und so war er, ein wenig in seiner Berufsehre gekränkt, samt dem Handwerkszeug in den Keller umgezogen. In den Keller, worin es neuerdings so geheimnisvoll zuging.

Eines schönen Frühlingstages brachte dann der Papa, mit Hilfe etlicher kräftiger Nachbarn, sein Geheimnis ans Licht. Mit »Hauruck!«, unter Ächzen und allerhand Gelächter. Man musste beide Flügel der Haustür aushängen, um das Geheimnis in den Hof zu bugsieren.

Da stand es endlich in der Sonne und war – ein Pferd. Ein lebensgroßes Pferd, das nicht lebendig war. Fuchsbraun, mit echter Mähne und langem Schweif, mit Zaum- und Sattelzeug, von der Hand eines Meisters gefertigt, und das Mittelstück, vom Widerrist bis zur Kruppe, von einer fast am Boden schleppenden Schabracke bedeckt.

Die Fenster ringsum wurden aufgerissen. Der Hof füllte sich mit staunendem Volk. Die Kinder steckten den Daumen in den Mund und sperrten die Augen auf. Die Mama erschien, blickte erst verblüfft das große Pferd an und dann den kleinen Mann, mit dem sie seit vierzig Jahren verheiratet war und den sie nicht kannte. Und der Papa? Der schnallte die Steigbügel länger, schwang sich auf sein selbstgemachtes Ross, ergriff lächelnd die Zügel, zog die Schirmmütze in die Stirn und ließ sich, in Jockeyhaltung, von Naumanns Richard »6 mal 9« fotografieren. Nachdem er wieder heruntergeklettert war, wurden der Reihe nach alle Kinder aufs Pferd gehoben. Und hintendrein lüftete der Papa den Schleier, genauer, die Schabracke seines Geheimnisses. Was wir sahen, war eine komplizierte Stangenkonstruktion mit zwei Paaren achsenverbundener Gummiräder. Das vordere Paar war lenkbar, und die Lenkstange befand sich, braungefärbt, oben in der fuchsbraunen Mähne, kaum zu sehen.

Die Anerkennung war allgemein. Jede Einzelheit wurde gebührend bewundert. Sachkundige priesen die sinnvolle Steuerung des Fahrradgauls, die musterhafte Gerbung des Pferdeschwanzes, die unübertreffliche Sattlerarbeit, das gelungene Schabrackencaché – trotzdem schien meine Mutter allen miteinander aus der Seele zu sprechen, als sie fragte: »Und *wozu* hast du dir die ganze Mühe gemacht?« Absichtslos und zwecklos waren für sie Synonyme.

Glücklicherweise hatte den Papa nicht das schiere l'art pour l'art getrieben. Er gestand, einigermaßen verlegen, wenn auch fest entschlossen, er werde auf seiner Rosinante im Faschingszug mitreiten. Der pensionierte Rektor Horn, ein ehemaliger Schulkamerad, habe sich bereit erklärt, unter die Schabracke zu kriechen und den Gaul zu schieben. Horn sei, bei einem Meter und achtundfünfzig Zentimeter Körperlänge, der ideale Untermann. Diese geplante Nutzanwendung stellte die Mama und die Übrigen zufrieden. Dass dann, am Faschingsdienstag, der Arzt dem Rektor Horn strengstens verbot, mit Grippe und neununddreißig Grad Fieber aus dem Bett zu steigen, und dass Papas lebensgroßes Steckenpferd ungenutzt im Keller blieb und dort allmählich aus dem Leime ging, ist eine andere Sache. Nicht alle Blütenträume reifen. Man muss sich damit abfinden …

Der Kümmerer

Der Kümmerer ist zwar ein Mann,
doch seine Männlichkeit hält sich in Grenzen.
Er nimmt sich zwar der Frauen an,
doch andre Männer ziehn die Konsequenzen.

Der Kümmerer ist ein Subjekt,
das Frauen, wenn es sein muss, zwar bedichtet,
hingegen auf den Endeffekt
von vornherein und überhaupt verzichtet.

Er dient den Frauen ohne Lohn.
Er liebt die Frau en gros, er liebt summarisch.
Er liebt die Liebe mehr als die Person.
Er liebt, mit einem Worte, vegetarisch!

Er wiehert nicht. Er wird nicht wild.
Er hilft beim Einkauf, denn er ist ein Kenner.
Sein Blick macht aus der Frau ein Bild.
Die andren Blicke werfen andre Männer.

Die Kümmerer sind nicht ganz neu.
Auch von von Goethe wird uns das bekräftigt.
Sein Clärchen war dem Egmont treu,
doch der war meist mit Heldentum beschäftigt.

So kam Herr Brackenburg ins Haus,
vertrieb die Zeit und half beim Wäschelegen.
Am Abend warf sie ihn hinaus.
Wer Goethes Werke kennt, der weiß weswegen.

Die Kümmerer sind sehr begehrt,
weil sie bescheiden sind und nichts begehren.
Sie wollen keinen Gegenwert.
Sie wollen nichts als da sein und verehren.

Sie heben euch auf einen Sockel,
der euch zum Denkmal macht und förmlich weiht.
Dann blicken sie durch ihr Monokel
und wundern sich, dass ihr unnahbar seid.

Dann knien sie hin und beten an.
Ihr gähnt und haltet euch mit Mühe munter.
Zum Glück kommt dann und wann ein Mann
und holt euch von dem Sockel runter!

Ferdi Kulp, der Strolch auf Widerruf
Eine Faschingsgeschichte

Ferdi (genauer Ferdinand) Kulp war dümmer, als dies, dem Sprichwort nach, die Polizei zu erlauben pflegt. Da er aber ein reicher Junggeselle war und aufs Klugsein keineswegs angewiesen, fiel seine Dummheit nicht weiter auf. Und es erging ihm gut bis zu dem Tage, an dem er beschloss, sich sein Schnurrbärtchen, das Douglas Fairbanks aus dem Gesicht geschnitten schien, abnehmen zu lassen.

Er ließ es abnehmen, um auf der Faschingsredoute nicht erkannt zu werden. Der Einfall war nicht so übel; denn mit dem Schnurrbart fiel das letzte Erkennungszeichen Ferdis fort. Was übrig blieb, war nicht der Rede wert. – Mit einem Gesicht, das nun nichts weiter darstellte als den bloßen Vorwand, den Hut daraufzusetzen, verließ Ferdi den Friseur, begab sich unbemerkt in seine Wohnung, zog sich vom Altwarenhändler erstandene Lumpen an und spazierte freudig zu seinem Duzfreunde Jakob Paulig, um ihn zu überraschen.

Die Überraschung gelang – das darf gesagt werden – vollkommen! Ferdi klingelte. Pauligs Haushälterin öffnete; meinte, er möge etwas warten; kam wieder und gab ihm fünf Pfennige. Dann schlug sie ihm die Türe vor der Nase zu …

Ferdi Kulps Gesicht hatte – auf Ehrenwort – noch nie geistreich ausgesehen. In diesem Augenblicke aber stand es konkurrenzlos da …

Ferdi begriff mit der ihm eigentümlichen sicheren Langsamkeit, dass er für einen Strolch gehalten worden sei, wusste nicht recht, ob er sich darüber freuen sollte, und begab sich mit gemischten Gefühlen zu Leopold Strubbel, um seine Lumpenwirkung zum zweiten Male zu erproben. Strubbel öffnete persönlich, blickte missmutig und hieb die Tür wieder zu. Ferdi Kulp stand so lange betroffen da, bis Strubbels Dienstmädchen, eine resolute Person, herauskam und ihm einen Teller Suppe kredenzte. Ob er wollte oder nicht – und da er satt war, wollte er eigentlich nicht –, er musste sich auf die Treppe setzen und loslöffeln. Die resolute Person sah ihm wohlwollend zu, schlug ihm gar auf die Schulter und fragte, ohne Antwort zu erwarten, wie es schmecke. Zehn Pfennige und eine Wurststulle erhielt er außerdem. Ja, sogar die Backe wurde ihm, rau aber gutgemeint, gestreichelt. –

Ferdi hatte einen stattlichen Bekanntenkreis, und er konnte auf diese Leute wirklich stolz sein! Wohin er auch kam – überall kriegte er ein paar Pfennige. Unerkannt, und um zirka fünf Mark Kleingeld reicher, betrat er schließlich abends den Redoutensaal.

Solange der Maskenzwang herrschte, machte ihm das Vergnügen offen gestanden absolut kein Vergnügen. Es hätte ihm völlig genügt, selber nicht erkannt zu werden. Aber dass er seinerseits die anderen Besucher nicht erkannte, machte ihn doch sehr einsam. – Man weiß, dass Einsamkeit nur für weise Menschen erträglich ist. Ferdi Kulp litt. Und als der Maskenzwang endlich aufgehoben wurde, als die Gesichter sozusagen freigegeben wurden, hatte sich unser dilettierender Lump, vor Schmerz, total betrunken.

Er stand unter dem Kronleuchter des feenhaft glänzenden Saals und erzählte einer angejahrten Pierrette mit lauter Stimme die Geschichte seines Vermögenszuwachses von zirka fünf Mark. Lachlustige Gäste versammelten sich um Ferdi und erfuhren in epischer Breite, dass Jakob Paulig fünf Pfennige gegeben habe; dass Leopold Strubbels Dienstmädchen, diese resolute Person, Vagabunden zu streicheln pflegte; dass Treppenstufen eine im Grunde kühle Sitzgelegenheit seien; dass Frau Direktor Tittel im Hauskleide doppelt so umfangreich erscheine wie im Ausgehe-Anzug – kurz, es kam zu einem zwar heiteren, aber trotzdem hinreichend ernsthaften Skandal. Paulig, Strubbel, Frau Tittel und Ferdis übrige »Kundschaft« war vollständig anwesend. Und es dauerte nicht lange, so nahmen die meisten ihre Masken wieder vor ...

Herr Ferdi Kulp kreischte, mit einem ihm sonst fremden Stimmaufwand, seine denkbar unerwünschten Kenntnisse in die Gegend, bis ihn der Präsident des Abends, ein würdiger Schornsteinfeger, an die Bar schleppte. Dort tranken die beiden Herren mehrere Liköre. Ferdi griff splendid in die klimpernde Tasche und packte mehrere Pfund kupferner und anderer Scheidemünzen – stolz und nicht ohne Innigkeit – auf die Theke. Der Schornsteinfeger (von Beruf Landgerichtsdirektor) fiel fast von seinem hohen Barschemelchen, trank ein Glas Eiswasser und veranlasste das Weitere.

Das heißt: Knapp zwei Minuten später landete Herr Ferdi Kulp auf der Straße, ohne die Füße benutzen zu müssen. Ein Schutzmann, der zufällig vorüberkam, übernahm den kostenlosen Weitertransport.

Doch der Rest der Nacht und somit der Ausklang dieser Faschingsredoute verlief für Ferdi wieder normal bis auf die Beschaffenheit der Schlafstelle, die in seinem Programm durchaus nicht als zu seinem Kostüm passend vorgesehen war.

Am nächsten Morgen gelang es schließlich dem Inspektor der Sicherheitswache XI, den komplizierten Sachverhalt, unter Heranziehung zahlreicher Zeugen, aufzuklären. Ferdi selber waren statt irgendwelcher Erinnerungen nichts als Kopfschmerzen zurückgeblieben.

Er durfte endlich seine Wohnung aufsuchen und verließ sie nicht wieder, bevor ihm sein reizvolles Schnurrbärtchen erneut gewachsen war. Das dauerte immerhin vier Wochen – eine Zeit, die selbst für Ferdi Kulp genügte, um zu einigen nachdenklichen Stunden und schließlich auch zu einem Ergebnis dieser für ihn ungewohnten strapaziösen Tageseinteilung zu kommen.

Dann verließ er die Wohnung. Und zwar für immer. Er zog in eine andere Stadt, weil seine Bekannten von früher ihn nicht mehr recht leiden konnten. – Nun, Ferdi konnte sich den Umzug leisten. Und er fand am neuen Orte auch bald wieder Bekannte, die ihn einluden und schätzten. Wir wissen ja: Er war reich und auf Klugsein nicht angewiesen …

Sogar geheiratet soll er haben!

Faschingsredouten aber besuchte er später nur mit größter Vorsicht und ohne jegliche Vorprobe auf Maskentauglichkeit.

Ein Donnerstag bei Onkel Ringelhuth

Es war am 35. Mai. Und da ist es natürlich kein Wunder, dass sich Onkel Ringelhuth über nichts wunderte. Wäre ihm, was ihm heute zustoßen sollte, auch nur eine Woche früher passiert, er hätte bestimmt gedacht, bei ihm oder am Globus seien zwei bis drei Schrauben locker! Aber am 35. Mai muss der Mensch auf das Äußerste gefasst sein.

Außerdem war Donnerstag. Onkel Ringelhuth hatte seinen Neffen Konrad von der Schule abgeholt, und jetzt liefen beide die Glacisstraße lang. Konrad sah bekümmert aus. Der Onkel merkte nichts davon, sondern freute sich aufs Mittagessen.

Ehe ich aber mit dem Erzählen fortfahre, muss ich eine familiengeschichtliche Erklärung abgeben. Also: Onkel Ringelhuth war der Bruder von Konrads Vater. Und weil der Onkel noch nicht verheiratet war und ganz allein wohnte, durfte er an jedem Donnerstag seinen Neffen von der Schule abholen. Da aßen sie dann gemeinsam zu Mittag, unterhielten sich und tranken miteinander Kaffee, und erst gegen Abend wurde der Junge wieder bei den Eltern abgeliefert. Diese Donnerstage waren sehr komisch. Denn Onkel Ringelhuth hatte doch keine Frau, die das Mittagessen hätte kochen können! Und so was Ähnliches wie ein Dienstmädchen hatte er auch nicht. Deshalb aßen er und Konrad donnerstags immer lauter verrücktes Zeug. Manchmal gekochten Schinken mit Schlagsahne. Oder Salzbrezeln mit Preiselbeeren. Oder Kirschkuchen mit englischem Senf.

Englischen Senf mochten sie lieber als deutschen, weil englischer Senf besonders scharf ist und so beißt, als ob er Zähne hätte.

Und wenn ihnen dann so richtig übel war, guckten sie zum Fenster hinaus und lachten derartig, dass die Nachbarn dachten: Apotheker Ringelhuth und sein Neffe sind leider wahnsinnig geworden.

Na ja, sie liefen also die Glacisstraße lang, und der Onkel sagte gerade: »Was ist denn mit dir los?« Da zupfte ihn jemand am Jackett. Und als sich beide umdrehten, stand ein großes schwarzes Pferd vor ihnen und fragte höflich: »Haben Sie vielleicht zufällig ein Stück Zucker bei sich?«

Konrad und der Onkel schüttelten die Köpfe.

»Dann entschuldigen Sie bitte die Störung«, meinte das große schwarze Pferd, zog seinen Strohhut und wollte gehen.

Onkel Ringelhuth griff in die Tasche und fragte: »Kann ich Ihnen mit einer Zigarette dienen?«

»Danke, nein«, sagte das Pferd traurig, »ich bin Nichtraucher.« Es verbeugte sich förmlich, trabte dem Albertplatz zu, blieb vor einem Delikatessgeschäft stehen und ließ die Zunge aus dem Maul hängen.

»Wir hätten den Gaul zum Essen einladen sollen«, meinte der Onkel. »Sicher hat er Hunger.« Dann sah er den Neffen von der Seite an und sprach: »Konrad, wo brennt's? Du hörst ja gar nicht zu!«

»Ach, ich hab einen Aufsatz über die Südsee auf.«

»Über die Südsee?«, rief der Onkel. »Das ist aber peinlich.«

»Entsetzlich ist es«, sagte Konrad. »Alle, die gut rechnen können, haben die Südsee auf. Weil wir keine Phantasie hätten! Die andern sollen den Bau eines vierstöckigen Hauses beschreiben. So was ist natürlich eine Kinderei gegen die Südsee. Aber das hat man davon, dass man gut rechnen kann.«

»Du hast zwar keine Phantasie, mein Lieber«, erklärte Onkel Ringelhuth, »doch du hast mich zum Onkel, und das ist genauso gut. Wir werden deinem Herrn Lehrer eine Südsee hinlegen, die sich gewaschen hat.« Dann trat er mit dem einen Fuß auf die Fahrstraße, mit dem andern blieb er oben auf dem Bürgersteig, und so humpelte er neben seinem Neffen her. Konrad war auch nur ein Mensch. Er wurde vergnügt.

Und als der humpelnde Onkel einen der Vorübergehenden grüßte und, kaum war der Mann vorbei, sagte: »Pfui Teufel, das war mein Gerichtsvollzieher«, da musste der Junge kichern, als würde er gekitzelt.

Als sie beim Onkel angekommen waren, setzten sie sich gleich zu Tisch. Es gab gehackten Speckkuchen und ein bisschen Fleischsalat mit Himbeersaft. »Die ollen Spartaner aßen sogar Blutsuppe, ohne mit der Wimper zu zucken«, meinte der Onkel. »Wie schmeckt's, junger Freund?«

»Scheußlich schön«, gab Konrad zur Antwort.

»Tja, man muss sich abhärten«, bemerkte der Onkel. »Als Soldaten bekamen wir Nudeln mit Hering und als Studenten Reis in Sacharin gekocht. Wer weiß, was man euch, wenn ihr groß seid, zumuten wird. Drum iss, mein Junge, bis dein Magen Hornhaut kriegt!« Und damit goss er ihm noch einen Löffel Himbeersaft über den Fleischsalat.

Nach dem Essen guckten sie erst mal eine Viertelstunde aus dem

Fenster und warteten, dass ihnen schlecht würde. Aber es wurde nichts daraus. Und dann turnten sie. Der Onkel bugsierte den Neffen auf den großen Bücherschrank, und Konrad machte dort oben den Handstand. »Moment«, sagte Ringelhuth, »bleib mal 'ne Weile verkehrt herum stehen.« Er ging ins Schlafzimmer, brachte sein Federbett angeschleppt und legte es vor den Bücherschrank. Dann kommandierte er: »Hoppla!«, und Konrad sprang in der Hocke vom Schrank herunter aufs Federbett, das am Boden lag.

»Großartig!«, rief der Onkel, nahm ein wenig Anlauf und sauste in der Grätsche längs über den Tisch. Unmittelbar danach hörten sie unter sich einen dumpfen Knall und anschließend viel Geklirr. Und der Onkel sagte ergriffen: »Das war Mühlbergs Kronleuchter.« Sie warteten ein paar Minuten, aber es klopfte niemand, und es klingelte auch nicht.

»Wahrscheinlich sind Mühlbergs nicht zu Hause«, meinte Konrad.

Und dann klingelte es doch! Der Junge rannte hinaus, öffnete und kam blass zurück. »Das große schwarze Pferd steht draußen«, flüsterte er.

»Herein damit!«, befahl Onkel Ringelhuth. Und der Neffe ließ das Tier eintreten. Es zog den Strohhut und fragte: »Stör ich?«

»Kein Gedanke!«, rief der Onkel. »Bitte nehmen Sie Platz.«

»Ich stehe lieber«, sagte das Pferd. »Fassen Sie das nicht als Unhöflichkeit auf, aber wir Pferde sind zum Sitzen nicht eingerichtet.«

»Ganz wie Sie wünschen«, meinte der Onkel. »Darf ich übrigens fragen, was uns die Ehre Ihres Besuches verschafft?«

Das Pferd blickte die beiden mit seinen großen ernsten Augen verlegen an. »Sie waren mir von allem Anfang an so sympathisch«, sagte es.

»Ganz unsererseits«, erwiderte Konrad und verbeugte sich. »Haben Sie übrigens immer noch Appetit auf Würfelzucker?« Er wartete keine Antwort ab, sondern sprang in die Küche, holte die Zuckerdose ins Zimmer, legte ein Stück Zucker nach dem andern auf die Handfläche, und das Pferd fraß, ohne abzusetzen, zirka ein halbes Pfund. Dann atmete es erleichtert auf und sagte: »Donnerwetter nochmal, das wurde aber höchste Zeit! Besten Dank, meine Herren. Gestatten Sie, dass ich mich vorstelle, ich heiße Negro Kaballo! Ich trat bis Ende April im Zirkus Sarrasani als Rollschuh-Nummer auf. Dann wurde ich aber entlassen und habe seitdem nichts mehr verdient.«

»Ja, ja«, sagte Onkel Ringelhuth, »es geht den Pferden wie den Menschen.«

»Diese verflixten Autos!«, fuhr Negro Kaballo fort. »Die Maschinen richten uns Pferde völlig zugrunde. Denken Sie nur, ich wollte mich sogar als Droschkengaul vermieten, obwohl ich ja eigentlich ein Pferd mit Gymnasialbildung bin. Aber nicht einmal der Generalsekretär vom Reichsverband der Droschkenpferde konnte mich unterbringen. Und das ist bestimmt ein einflussreiches Pferd. Im Übrigen fährt dieses Rhinozeros von einem Gaul selber Auto!«

»Unter solchen Umständen braucht man sich über gar nichts mehr zu wundern«, erklärte Onkel Ringelhuth kopfschüttelnd.

»Sie sind ein netter Mensch«, sagte das Pferd gerührt und schlug ihm mit dem linken Vorderhuf auf die Schulter, dass es nur so krachte.

»Aua!«, brüllte Ringelhuth.

Konrad drohte dem Rappen mit dem Finger. »Wenn Sie mir meinen Onkel kaputt machen«, rief er, »kriegen Sie's mit mir zu tun.«

Das Pferd schob die Unterlippe zurück, dass man das weiße Gebiss sehen konnte, und lachte lautlos in sich hinein. Dann entschuldigte es sich vielmals. Es sei nicht so gemeint gewesen.

»Schon gut«, sagte Onkel Ringelhuth und rieb sich das Schlüsselbein. »Aber das nächste Mal müssen Sie etwas vorsichtiger sein, geschätzter Negro Kaballo. Ich bin keine Pferdenatur.«

»Ich werde aufpassen«, versprach der Rappe, »so wahr ich der beste internationale Rollschuh-Akt unter den Säugetieren bin!« Und dann guckten sie alle drei zum Fenster hinaus. Das Pferd bekam, als es auf die Straße hinuntersah, einen Schwindelanfall, wurde vor Schreck blass und klappte die Augendeckel zu. Erst als Konrad meinte, es solle sich was schämen, machte es die Augen langsam wieder auf.

»Kippen Sie bloß nicht aus dem Fenster«, warnte Ringelhuth. »Das fehlte gerade noch, dass ein Pferd aus meiner Wohnung auf die Johann-Mayer-Straße runterfällt!«

Negro Kaballo sagte: »Wissen Sie, unsereins hat so selten Gelegenheit, aus dem dritten Stockwerk zu sehen. Aber jetzt geht es schon. Trotzdem wäre ich Ihnen dankbar, wenn Sie mich in die Mitte nehmen wollten. Besser ist besser.«

Das Pferd postierte sich nun also zwischen Onkel und Konrad, steckte den Kopf weit aus dem Fenster und fraß vom Balkon des Nachbarn zwei Fuchsien und eine Begonie mit Stumpf und Stiel. Nur die Blumentöpfe ließ es freundlicherweise übrig.

Plötzlich gab es auf der Straße einen Heidenlärm. Da stand nämlich ein kleiner, kugelrunder Mann, wedelte mit Armen und Händen, strampelte mit den fetten Beinchen und schrie wie am Spieß. »Das geht entschieden zu weit!«, kreischte er aufgebracht. »Augenblicklich nehmen Sie das Pferd aus dem Fenster! Kennen Sie die Hausordnung noch immer nicht? Wissen Sie nicht, dass es verboten ist, Pferde mit in die Wohnung zu bringen? Was?«

»Wer ist denn der Knirps?«, fragte Konrad.

»Ach, das ist bloß mein Hauswirt«, antwortete Onkel Ringelhuth, »Clemens Waffelbruch heißt er.«

»So eine Unverschämtheit Ihrerseits«, schrie der kleine dicke Herr Waffelbruch. »Die Blumen, die diese Schindmähre von Lehmanns Balkon widerrechtlich entfernt und gefressen hat, werden Sie gefälligst ersetzen. Kapiert?«

Da lief dem Pferd ein Schauder übers schwarze Fell. Hoho, beleidigen ließ es sich nicht! Es kriegte einen der leergefressenen Blumentöpfe zu fassen und ließ ihn senkrecht aus dem Fenster fallen. Der Blumentopf sauste, als habe er's außerordentlich eilig, abwärts und bumste dem schreienden Hauswirt mitten auf den steifen Hut. Herr Clemens Waffelbruch knickte in die Knie, schwieg verdutzt, blickte wieder nach oben, zog seinen demolierten Hut und sagte zitternd: »Nichts für ungut.«

Dann stolperte er rasch ins Haus.

»Wenn der Kerl nicht gegangen wäre«, sagte das Pferd, »hätte ich ihm nach und nach den ganzen Balkon auf den Hut geschmissen.«

»Das wäre mir entschieden zu teuer geworden«, meinte Onkel Ringelhuth. »Gehen wir lieber wieder ins Zimmer!«

Kleine Besäufnis

Auch die stärksten Leute
brauchen manchmal eine Art von Trost.
Lacht mich aus, so geht mir's heute,
hupp, prost!

Paula hat geschrieben:
Seit sie mich zum letzten Male sah,
könnte sie mich nicht mehr lieben,
hupp, ja ...

Was sind das für Sachen?
Erst ging's Schlag auf Schlag und Kuss auf Kuss.
Plötzlich streiken sie und machen
hupp, Schluss.

So etwas schlägt nieder.
Und man sitzt mit sich allein zu Haus
und denkt nichts als immer wieder:
hupp, aus!

Kommt mir nicht mit Treue!
Und die Schönheit reicht nur bis zur Haut.
Morgen suche ich mir eine neue,
hupp, Braut.

Marsch, noch eine Flasche!
Wein ist billiger als Fantasie.
Ist noch Geld in meiner Tasche,
hupp, wie?

Paula sei verflucht!
Alkohol ist arbeitsloser Trost,
der am Abend Stellung sucht.
Hupp, prost!

Bin ich noch verständlich?
War die Lampe immer schon so groß?
Gott sei Dank, die Paula wär ich endlich,
hupp, los!

Abschied von Salzburg

Schloss H., 31. August, nachts,
bzw. 1. September, morgens.

»Und wir zogen mit Gesang
aus dem einen Restaurant
in das nächste Restaurant
usw.«

Ich bin so blau wie hundertzwanzig Veilchen! (Klingt fast wie eine Schlagerzeile.) Aber das ist bezeichnend für meine wissenschaftliche Gründlichkeit, die sich auch auf außerwissenschaftlichen Gebieten, obwohl man geltend machen könnte, Karl und ich wären dem Alkohol in dessen zahlreichen Erscheinungsformen mit durchaus wissenschaftlicher Akribie …

Der Teufel hole den Satz! Dabei wollten wir uns gar nicht betrinken! Wir wollten nur von Salzburg und voneinander Abschied nehmen, Karl und ich. Wir bummelten gefühlsselig über die herrlichen Plätze und durch die alten, geheimnisvollen Gassen. Es war eine märchenhafte Sommernacht. Manchmal schien der Mond, manchmal nur eine Laterne, und uns war beides recht.

Wir gingen kaum; wir ließen uns gehen. Zwei befreundete Silhouetten, so schritten wir in dem magischen Kreis dahin, der Salzburg heißt. Wir standen schweigend vor silberglänzenden, rauschenden Brunnen – und gerade das hätten wir nicht tun dürfen!

Nur weil die Brunnen rauschten, bzw. weil wir diesem Rauschen, d. h. dem akustischen Effekt, der dadurch entsteht, dass sich Flüssigkeit schnell bewegt …

Wieder so ein hoffnungsloser Satz, der nicht leben und nicht sterben kann! Kurz, wir bekamen Durst, und in einer italienischen Weinstube fing es an. Mit Asti vom Fass und einem Fiasco Chianti, doch ein Fiasko kommt selten allein.

Nein, zuerst waren wir im Peterskeller und tranken Prälatenwein. Eigentlich lauter leichte, bekömmliche Sachen! Vielleicht hätten wir den Whisky nicht trinken sollen, den wir in einer Bar schräg-über vom Österreichischen Hof vereinnahmten bzw. verausgabten. Oder die Ohios und Martinis, zu denen uns der Amerikaner einlud, der neben Karl saß. Andrerseits, man kann einem Menschen, der extra deswegen von Übersee kommt, so etwas unmöglich abschlagen!

Sonst fährt der Mann verbittert heim und erzählt dort, Karl und ich seien unhöfliche Menschen; und bei der bekannten Neigung, Eindrücke zu verallgemeinern, könnte das für ganz Europa zu Komplikationen, die heute mehr denn je vermieden werden sollten …

Schon wieder Kurzschluss! Ich bin auf mein Gesicht neugierig, das ich morgen früh machen werde, wenn ich lese, was ich jetzt schreibe! Deswegen mussten wir auch mit dem Amerikaner noch ins »Casino« gehen. Es war eine nahezu diplomatische Mission. Denn jeder Mensch ist im Ausland ein Botschafter seiner Heimat. Wir benahmen uns also wie die Botschafter. Karl bestellte eine Flasche Sekt, und was ist schon eine einzige Flasche Sekt, dividiert durch drei Männer? Aus diesem Grunde tranken wir noch eine Flasche.

Dann fasste der Amerikaner den löblichen Vorsatz, die Bank zu sprengen, und entfernte sich, weil die Bank in einem anderen Raum stand. Und Karl und ich gingen an die frische Luft. Dass wir hierbei auf die Straße nach Mülln und in den Augustinerkeller gerieten, dafür kann kein Mensch! (Wir haben auch niemandem Vorwürfe gemacht.)

Ein paar Gläser Bier können nie schaden, am wenigsten in warmen, schönen Sommernächten, unter Lampions, in einem alten Wirtshausgarten. Biergläser waren es eigentlich nicht, sondern irdene Maßkrüge. Und lauter Leute am Tisch, die sich auf Bier verstanden; oben drüber dunkelblauer, gestirnter Himmel, mit einer Apfelsinenscheibe Mond darin, wie in einer Bowle – hinreißend!

Auf dem Heimwege haben wir dann, wenn ich nicht irre, gesungen. Karl hakte sich bei mir unter und sagte: »Damit du nicht umfällst.«

Dabei wollte er sich nur an mir festhalten! Er ist ein lieber Kerl, aber er gehört leider zu den Leuten, die nie zugeben werden, dass sie einen in der Krone haben.

Da bin ich anders. Wenn ich einen Schwips gehabt hätte, dann hätte ich das unumwunden zugegeben. Dass *ich* keinen hatte, ist, obgleich ich einen ganzen Stiefel vertrage, bis zu einem gewissen Grade Zufall. Es hätte umgekehrt ebenso gut, nein, es hätte ebenso gut umgekehrt sein können, aber es war nicht umgekehrt!

Was ist eigentlich nicht umgekehrt? Oh, mein Schädel! So oft hab ich mir ein schlechtes Gedächtnis gewünscht. Denn das meiste verdient vergessen zu werden. Und nun hab ich das schlechte Gedächtnis. Hoffentlich nur heute. Denn es gibt so vieles, woran man sich noch lange erinnern möchte. (Ich scheine mir eben irgendwie widersprochen zu haben.)

Dann blieb Karl plötzlich stehen, breitete die Arme weit aus und deklamierte: »Hic habitat felicitas!«

Ich fragte: »Wer wohnt hier?«

»Felicitas«, sagte er.

»In diesem Hause dort drüben?«, fragte ich ganz bescheiden.

Er antwortete nichts als: »Ignorant!«

Das kränkte mich, und ich rief: »Ich kann doch nicht alle Mädchen kennen, zum Kuckuck!«

»Oh«, sagte er nur.

Ich lenkte ein. »Wenn du willst, können wir ja einmal klingeln. Vielleicht hat sie einen leisen Schlaf, wacht auf und guckt ein bisschen aus dem Fenster!«

Er schauderte.

»Oder ist sie verheiratet?«, fragte ich behutsam. Und nun wollte er mich in die Salzach werfen. Es unterblieb eigentlich nur, weil die Salzach nicht in der Nähe war. Was wir dann gemacht haben, weiß ich nicht mehr. Ich vermute, dass wir weitergegangen sind. Sonst stünden wir jetzt noch vor dem Haus. Da ich aber im Schloss eingetroffen bin, kann ich unmöglich …

Du liebe Güte, ob Karl noch dort steht?

Nein, nein. Nachdem ich an dem Hause geklingelt und ziemlich laut nach Felicitas gerufen hatte, rissen wir ja aus! Wie die Schuljungen. Und dann? Halt, es dämmert!

Im Mirabellgarten, am Zwergen-Rondell, hielt Karl eine Rede! An die steinernen Zwerge. Ganz recht. So war's. »Meine Herren Zwerge«, sagte er.

Ich setzte mich ins Gras und meinte: »Eine Frau Zwerg ist auch dabei. Sei höflich!«

»Meine Herren Zwerge«, wiederholte Karl.

»Sie kennen Salzburg länger als jener betrunkene Mensch, der sich auf Ihrer Wiese breitmacht; Sie kennen es länger als ich und sogar länger als … als …«

»Baedeker«, schlug ich vor.

»Als Baedeker, jawohl. Sie haben Salome Alt gekannt, als sie noch jung war und in diesem schönen Garten mit einem Ihrer Herren Kirchenfürsten lustwandelte.«

»Lusthandelte«, verbesserte ich gewissenhaft.

Karl geriet in Feuer. »Sie haben Mozart gekannt, als er noch bei seinem Papa Klavierstunden hatte! Ich habe Vertrauen zu Ihnen, meine Herren. Sie sind klein, aber oho! Gestatten Sie, dass ich du zu Ihnen sage?«

»Bittschön«, brummte ich.

»Sie werden sich vielleicht fragen, warum ich mich mit meinem Anliegen nicht an die vorzüglich gewachsenen Damen aus Stein wende, die seit Jahrhunderten am Eingange des Gartens auf Sockeln stehen und nichts anhaben.«

»Ach wo«, sagte ich. »Zwerge interessiert so etwas überhaupt nicht. Aber vergiss nicht, dass du sie duzen wolltest.«

Karl nickte und klopfte einem der Zwerge kollegial auf den steinernen Buckel. »Liebe Liliputaner und Liliputanerinnen«, meinte er dann. »Ihr könntet eurer kleinen Stadt einen großen Gefallen tun. Wenn einmal jemand vom Festspielkomitee hierherkommen und sich wie wir mit euch unterhalten sollte ...«

»Ausgeschlossen«, erklärte ich.

»So richtet ihm einen schönen Gruß von mir aus.«

»Von mir auch!«, rief ich. »Unbekannterweise!«

»Und sagt ihm ...«

»Noch einen schönen Gruß?«

»Sag ihm, Österreich habe so viele Genies gehabt ...«

»Das weiß der Mann doch schon!«

»Und nur deren Heiterkeit passe völlig zur Heiterkeit dieser Stadt, genau wie nur ihre Melancholie sich zu dieser Landschaft, wenn sie trauert, schicke.«

»Hoffentlich können sich die Zwerge das alles merken«, meinte ich besorgt.

»Warum spielt man keinen Raimund? Warum nicht Nestroy? Warum nicht noch mehr Mozart? Wie? Warum stattdessen ...«

»Woher sollen denn das die Pikkolos wissen!«, sagte ich ärgerlich und stand auf.

»Hab ich nicht recht?«, fragte er.

»Natürlich hast du recht«, meinte ich. »Außerdem soll man Betrunkene nicht reizen.«

»Ich wäre betrunken?«

»Wieso ›wäre‹? Du bist es!«

»Ich bin nüchtern wie ... wie ...«

Mir fiel auch kein angemessener Vergleich für den Grad seiner Nüchternheit ein.

»Aber du, du bist blau!«, rief er.

»Ich bin nüchtern wie … Ich war noch nie so nüchtern wie heute!«

»Ich auch nicht!«

»Dann möchte ich die beiden Herren mal besoffen sehen«, sagte jemand hinter uns. Ich erschrak.

Aber es war kein Zwerg.

Sondern ein Wachmann.

Fauler Zauber

Frühmorgens in der Wanne geht es los.
Man sitzt und wünscht sich, nie mehr aufzustehen,
und ist zu faul, die Hähne zuzudrehen.
Man müsste baden. Doch man plätschert bloß.
Das Wasser steigt. Man starrt auf seine Zehen,
als wären es platonische Ideen.
Da irrt man sich. Sie sind nur etwas groß.

Man lächelt so, als röche man an Rosen,
und ist verwundert, dass man lächeln kann.
Denn man ist faul. Doch Lächeln greift nicht an.
Ach, der Verstand ist noch in Unterhosen!
Die Energie, der Kopf, der ganze Mann –
sie sind verreist, und keiner weiß, bis wann.
Man sitzt und zählt sich zu den Arbeitslosen.

Man liegt und schläft, auch wenn man isst und geht.
Man trollt durch Straßen, summt ein dummes Zeilchen
und schäkert in den Gärten mit den Veilchen.
Fast wie ein Luftballon wird man verweht.
Man zupft den Brief von Fee in tausend Teilchen.
Und wirft ihn weg. Und wartet dann ein Weilchen,
ob wenigstens der Wind den Brief versteht.

So faul ist man! Und hat so viel zu tun.
Und Uhren ticken rings in allen Taschen.
Die Zeit entflieht und will, man soll sie haschen,
und rennt sich fast die Sohlen von den Schuhn.
Man ist zu faul, die Seele reinzuwaschen.
Man wird die Stunden wie Bonbons vernaschen
und schleicht nach Hause, um sich auszuruhn.

Faulheit strengt an, als stemmte man Gewichte.
Man ist allein, und das ist kein Verkehr.
Und Steineklopfen ist nicht halb so schwer.
Man steht herum und steht dem Glück im Lichte.
Und dass man lächelt, spürt man gar nicht mehr.
Vom Nichtstun wird nicht nur der Beutel leer.
Das ist das Traurigste an der Geschichte.

Ein Menschenleben

Solange es eben ging, hatte er arbeiten gemusst.

Jeden Morgen ... Noch lagen die Straßen leer und müd und übernächtigt. Die Schritte klapperten tönern auf dem Pflaster. Hinter grau verhängten, gähnenden Fenstern klirrten die Weckuhren. (Da standen sie jetzt auf. Mit eingekniffenen Augen. Und abwesenden Gesichtern.) ... Die Bäume in den Anlagen froren. Ein Vogel plusterte sich. Und hatte noch keinen Mut zum Singen. Und der Mond schwamm fahl in einen unendlich trostlosen Himmel hinaus ... Ein Lastwagen polterte in ein Brückenloch. Wie ein Sarg. Und auf dem Wagen stand ein kleiner Hund. Der kläffte wütend. Aber eigentlich nur aus Angst ...

Plötzlich stand die Fabrik da. Schluckte ihn ein. Mit tausend andern.

Abends trabte er dann heim. Lahm in den Knien. Der blecherne Kaffeekrug hing schwer in der Hand. – Die Bäume in den Anlagen froren. In einem Sandhaufen steckte ein zerbrochenes Spielzeug. Auf den Bänken hatten schwatzende Frauen gesessen. – Die Straßen ertranken in tiefen Schatten. An den Schaufenstern schnatterten die Rollladen herunter. Die letzten Kinder wurden ins Haus gerufen ... In einem Gasthaus rasselte ein Orchestrion. Ein Dienstmädchen trug Bier über die Straße ...

Tagaus, tagein. Manchmal lag Schnee. Manchmal waren die Bäume bunt. Wie Feldblumensträuße. Aber immer brannten ihm die Augen. Und immer hastete er vorbei. Ohne sich umzusehen. Jahraus, jahrein. Nur sonntags war Ruhe. Da saß er am Fenster. Und sah die Sonne. – Und wenn seine Frau schalt, weil er auf seiner alten Geige herumstrich, konnte er sogar lächeln. Denn dann war er glücklich. Er spielte nicht etwa gut. Die Hände waren steif und schwer. Aber ihm klang es wundervoll. Immer wieder spielte er diese paar Lieder, die er als Junge gelernt hatte. Was sie nicht alles zu erzählen wussten! Seine Frau hörte das nicht. Denn er spielte wirklich schlecht. Aber er lächelte dabei …

Jahrzehnte sanken wie Blätter von den Bäumen. Und immer die Fabrik! Und immer nur der eine Sonntag – – Das Kind wurde konfirmiert. Die Frau starb. Das änderte nichts … Die Haare wurden grau. Die Tochter heiratete. Das änderte nichts … Er arbeitete. Und gab sein Geld hin. Wie zuvor … Sonntags spielte er auf seiner Geige. Und sie schalten. Wie zuvor …

Aber eines Tages schickte man ihn aus der Fabrik fort. Konnte ihn »beim besten Willen« nicht mehr brauchen. – Da saß er das erste Mal in den Anlagen auf der Bank. Mitten unter den Frauen. Die Sonne schien. Die Kinder lärmten und lachten. Er hörte alles wie durch dicke Mauern. Da traf ihn ein Stein! Er ging. Heim …

Die Tochter kreischte: »Wovon willst du denn jetzt leben!« Der Schwiegersohn pfiff vor sich hin. Und spuckte in den Kohlenkasten. – Wenn sie ihn riefen: »Komm! Musst doch was essen!«, blieb er am Fenster sitzen. Und sah auf die Straße hinunter. Mitten in einen Fleischerladen hinein … Eines Morgens steckte er seine Geige unter die Jacke. Niemand sollte es sehen. Und drüber lachen … Dann stieg er irgendwo Treppen. In einem entfernten Stadtviertel. 133

Lehnte gegen eine feuchte Wand. Und spielte seine Lieder. »Aus der Jugendzeit« war sein Lieblingslied. Er hatte es als Erstes gelernt. Vor sechzig Jahren. Er konnte es noch immer nicht. Und die Hände zitterten. Er hatte Angst … Seine Geige klang gell und frech durch die schmutzigen Korridore. Jemand schlug die Tür zu. Kinder beugten sich über das Treppengeländer. Neugierig. Und ihm zitterten die Hände.

Manchmal brachte man ihm einen Teller Suppe. Oder ein Stück Brot. In Zeitungspapier gewickelt. Oder ein Kind wurde aus einer Tür gestoßen. Kam zögernd näher. Und reichte ihm etwas Geld. Manchmal schimpften sie. Wie zu Hause. Dann steckte er traurig die Geige wieder unter die Jacke. Stieg die Stufen langsam hinunter. Und andere hinauf. Stand in anderen Korridoren. Treppen. Korridore. Bis zum Abend … Mitunter saß er in den Anlagen. Und fror. Auch in der Sonne. – Zu Hause nahmen sie ihm sein Geld ab. Damit er wenigstens seinen Mietzins zahle!

Es tat ihm nicht gut, jeden Tag seine Kinderlieder zu geigen. Er dachte an seine Mutter. Wenn sie nach Hause kam. Vom Waschen bei fremden Leuten. Die Geige hatte sie ihm geschenkt. Seine Mutter …

Immer öfter saß er in den Anlagen. Ihm war: Er sei ein kleiner Junge … Es wollte nicht mehr gehen. Von früh bis abends saß er auf der Bank. Sie kannten ihn schon alle. Dann ging er nach Hause. Sie fragten auch nicht mehr nach Geld. Sie fragten auch nicht mehr, ob er Hunger habe. –

Einmal stand er schon mittags von der Bank auf. Ging heim. Sie waren auf der Arbeit. Er wollte etwas essen. Der Küchenschrank war abgeschlossen. – Da setzte er sich ans Fenster. Und weinte. Es tat gar nicht weh, das Weinen ... Dann zählte er sein Geld. Er wusste genau, dass es beinahe 500 M waren. Markscheine, Zweimarkscheine, Fünfmarkscheine. Auch ein Hundertmarkschein war dabei. Er entsann sich: Ein kleines blondes Mädchen hatte ihn hingestreckt. Sehr schüchtern. Er legte das Geld auf den Tisch. Auf ein Stück Zeitungsrand schrieb er mit unsicherer Hand: »Für die Miethe! Vater.« Die Sonne spielte mit den Gardinen. Und in den Fenstern über der Straße blühten Geranien. – Und dann erhängte er sich in der Schlafkammer. An der Türklinke ...

Meine Mutter hat mir von ihm erzählt. Auch auf unserer Treppe hat er gestanden. Und gegeigt. »Aus der Jugendzeit!« ... Sie haben ihn alle gekannt. –

Apropos, Einsamkeit!

Man kann mitunter scheußlich einsam sein!
Da hilft es nichts, den Kragen hochzuschlagen
und vor Geschäften zu sich selbst zu sagen:
Der Hut da drin ist hübsch, nur etwas klein …

Da hilft es nichts, in ein Café zu gehn
und aufzupassen, wie die andren lachen.
Da hilft es nichts, ihr Lachen nachzumachen.
Es hilft auch nicht, gleich wieder aufzustehn.

Da schaut man seinen eignen Schatten an.
Der springt und eilt, um sich nicht zu verspäten,
und Leute kommen, die ihn kühl zertreten.
Da hilft es nichts, wenn man nicht weinen kann.

Da hilft es nichts, mit sich nach Haus zu fliehn
und, falls man Brom zu Haus hat, Brom zu nehmen.
Da nützt es nichts, sich vor sich selbst zu schämen
und die Gardinen hastig vorzuziehn.

Da spürt man, wie es wäre: Klein zu sein.
So klein wie nagelneue Kinder sind!
Dann schließt man beide Augen und wird blind.
Und liegt allein …

Briefe an mich selber
Der erste Brief

Berlin, 12. Januar 1940
nachts, in einer Bar

Sehr geehrter Herr Dr. Kästner!

Hoffentlich werden Sie mir nicht zürnen, wenn Sie diese Zeilen morgen früh in Ihrem Briefkasten vorfinden. Dass ich Ihnen – obwohl ich weiß, dass es nicht nur ungewöhnlich, sondern, rundheraus, unschicklich ist, sich selber zu schreiben – einen Brief schicke, mag Ihnen beweisen, wie sehr ich wünsche, zu Ihnen vorzudringen.

Werden Sie, bitte, nicht ärgerlich! Werfen Sie den Brief nicht in den Papierkorb, oder doch erst, nachdem Sie ihn zu Ende gelesen haben! Gewährt es Ihnen nicht eine gewisse Genugtuung, dass ich Sie, unbeschadet unserer gemeinsam genossenen und erduldeten Vergangenheit, mit dem höflichen, Abstand haltenden »Sie« anrede statt mit dem freundschaftlichen Du, das mir zustünde?

Ich kenne Ihren Stolz, der Zutrauen für Vertraulichkeit hält. Ich weiß um Ihr empfindsames Gemüt, das Sie, in jahrzehntelangem Fleiß, mit einer Haut aus Härte und Kälte überzogen haben, und ich bin bereit, darauf Rücksicht zu nehmen. Zurückhaltung bewirkt verdientermaßen Haltung. Wir, sehr geehrter Herr Doktor, wissen das, denn wir erfuhren es zur Genüge. Nun finde ich aber, während ich, von lärmenden und lachenden Menschen umgeben, Ihrer bei einer Flasche Feist gedenke: dass man die Einsamkeit nicht übertreiben soll.

Ich verstehe und würdige Ihre Beweggründe. Sie lieben das Leben mehr als die Menschen. Gegen diese Gemütsverfassung lässt sich ehrlicherweise nichts einwenden, was stichhaltig wäre. Und auch das ist wahr, dass man nirgendwo so allein sein darf wie in den zitternden Häusern der großen Städte.

Wer Sie flüchtig kennt, wird nicht vermuten, dass Sie einsam sind; denn er wird Sie oft genug mit Frauen und Freunden sehen. Diese Freunde und Frauen freilich wissen es schon besser, da sie immer wieder empfinden, wie fremd Sie ihnen trotz allem bleiben. Doch nur Sie selber ermessen völlig, wie einsam Sie sich fühlen und welcher Zauber, aus Glück und Wehmut gewoben, Sie von den Menschen fernhält. Sie sind deshalb bemitleidet und auch schon beneidet worden. Sie haben gelächelt. Man hat Sie sogar gehasst. Das hat Sie geschmerzt, aber nicht verwandelt.

Kein Händedruck, kein Hieb und kein Kuss werden Sie aus der Einsiedelei Ihres Herzens vertreiben können. Wer das nicht glaubt, weiß überhaupt nicht, worum es geht. Er denkt vielleicht an den tränenverhangenen Weltschmerz der Jünglinge, die sich vor drohenden Erfahrungen verstecken wie scheue Kinder vor bösen Stiefvätern. Doch Sie, mein Herr, sind kein Jüngling mehr. Sie trauern nicht über Ihren Erinnerungen, und Sie fürchten sich vor keiner Zukunft. Sie haben Freunde und Feinde in Fülle und sind, dessen ungeachtet, allein wie der erste Mensch! Sie gehen, gleich ihm, zwischen Löwen, Pfauen, Hyänen, gurrenden Tauben und genüg-

samen Eseln einher. Und obgleich Sie vom Apfelbaum der Erkennt-
nis aßen, wurden Sie aus diesem späten Paradies nicht vertrieben.

Trotzdem: Es ist nicht gut, dass der Mensch allein sei! Und wenn
Sie schon anderen verwehren, bis zu Ihnen vorzudringen, sollten
Sie wenigstens mir gestatten, Ihnen gelegentlich näherzukommen.
Ich wähle, da ich uns kenne, den Weg über die Post. Zerreißen Sie
den Brief, wenn Sie wollen, aber ich wünschte, Sie täten es nicht!

Mit den besten Empfehlungen
Ihr sehr ergebener
Erich Kästner

NB. Eine Antwort ist nicht nötig.

Anmerkung nach Empfang des ersten Briefs

Berlin, 13. Januar 1940
zu Hause

Vorhin klingelte der Postbote und brachte den Brief. Und nun, nach-
dem ich, ein bisschen verlegen, gelesen habe, was ich mir gestern
Nacht schrieb, muss ich mir recht geben. Ich sollte wirklich mehr
Umgang haben, mindestens mit mir, und wenigstens schriftlich!

Es tut wohl, von jemandem, dem man nahesteht, Briefe zu er-
halten. Und, zum Donnerwetter, ich stehe mir doch nahe? Oder
bin sogar ich mir selber fremd geworden? Mitunter habe ich dieses

Gefühl. Dann wird mir unheimlich zumute, und es hilft nichts, dass ich vor den Spiegel draußen im Flur hintrete und mir eine kleine Verbeugung mache. »Gestatten, Kästner«, sagt der Spiegelmensch. Mein rechtes Auge lächelt aus seiner linken Augenhöhle. Es ist zuweilen nicht ganz einfach, gute Miene zu bewahren.

Ich werde mich wieder mit mir befreunden müssen. Wenn es nicht anders geht, meinetwegen auf brieflichem Wege. Schlimmstenfalls erhöhe ich bloß den Markenumsatz der Reichspost. Ich will nicht vergessen, stets einen Briefumschlag mit getippter Anschrift bei mir zu tragen. Es wäre doch recht fatal, wenn die Sekretärin dahinterkäme, dass ich mir selber schreibe.

Es lässt sich zwar kaum vermeiden, dass Schriftsteller etwas verrückt sind. Aber die meisten sind noch stolz darauf und tragen ihren Spleen im Knopfloch. Diese Leute sind mir zuwider. Man hat die verdammte Pflicht, sich nicht gehen zu lassen. Kollegen, denen die Schöpfung einen sogenannten Künstlerkopf beschert hat, tun mir leid, weil sie ihn nicht umtauschen können; und ich wundere mich immer wieder, dass sie, statt sich ihrer auffälligen Gesichter insgeheim zu schämen, sie eitel zur Schau tragen, wie Barfrauen ein gewagtes Dekolleté.

Alter Herr, anno 1970

Ich war einmal ein Kind. Genau wie ihr.
Ich war ein Mann. Und jetzt bin ich ein Greis.
Die Zeit verging. Ich bin noch immer hier
und möchte gern vergessen, was ich weiß.

Ich war ein Kind wie ihr. Nun bin ich mürbe.
Wer lange lebt, hat eines Tags genug.
Ich hätte nichts dagegen, wenn ich stürbe.
So müde bin ich! Andre nennen's: klug.

Ach, ich sah manches Stück im Welttheater.
Ich war einmal ein Kind, wie ihr es seid.
Ich war einmal ein Mann wie euer Vater.
Und meistens war es schade um die Zeit.

Ich könnte euch Verschiedenes erzählen,
was nicht in euren Lesebüchern steht.
Geschichten, welche im Geschichtsbuch fehlen,
sind immer die, um die sich alles dreht.

Wir hatten Krieg. Wir sahen, wie er war.
Wir litten Not. Wir sah'n, wie sie entstand.
Die großen Lügen wurden offenbar.
Wir sah'n das Menetekel an der Wand.

Wir hofften. Doch die Hoffnung war vermessen.
Und die Vernunft blieb wie ein Stern entfernt.
Die nach uns kamen, hatten schnell vergessen.
Die nach uns kamen, hatten nichts gelernt.

Und nun kommt ihr. Ich kann euch nichts vererben.
Ich kann nicht helfen, und ich möchte sterben.
Macht, was ihr wollt. Doch merkt euch dieses Wort:
Vernunft muss sich ein jeder selbst erwerben,
und nur die Dummheit pflanzt sich gratis fort!

Anhang

Anmerkungen

Die bibliographischen Angaben nach den einzelnen Texten geben die Quelle an, der der Text entnommen wurde. Zusätzlich werden Ort und Zeit des Erstdrucks genannt. Für weitergehende Angaben siehe Johan Zonneveld, *Bibliographie Erich Kästner*, Bd. I–III, Aisthesis Verlag, Bielefeld 2011, 2443 S.

Ohne Verfassernennung aufgeführte Werke sind von Erich Kästner. Auslassungen innerhalb der ausgewählten Textpassagen sind mit Klammern […] gekennzeichnet.

Die Einzelausgaben der Werke Erich Kästners erscheinen im Atrium Verlag. Die neunbändige Werkausgabe – Erich Kästner, *Werke*, herausgegeben von Franz Josef Görtz, Bd. I–IX – erschien 1998 im Hanser Verlag, München Zürich, die Lizenzausgabe 2004 im Deutschen Taschenbuch Verlag, München. Dient sie als Textvorlage, erscheint in den bibliographischen Angaben die jeweilige Band- und Seitenzahl (I, S. 304 f.). Die folgenden Anmerkungen stützen sich teilweise auf diese Ausgabe sowie auf die Anmerkungen von Sven Hanuschek in *Der Herr aus Glas*, Erzählungen, Atrium Verlag, Zürich 2015.

7 Man ist ein Mann

(Seitenangaben ohne Nennung einer Quelle beziehen sich auf die vorliegende Ausgabe)

Man ist ein Mann: aus Monolog in der Badewanne, 1. Strophe. Siehe S. 10

»Mann ist Mann«: Mann ist Mann. Die Verwandlung des Packers Galy Gay in den Militärbaracken von Kilkoa im Jahre neunzehnhundertfünfundzwanzig. Lustspiel in 11 Bildern und mit einem Zwischenspiel für das Foyer »Das Elefantenkalb« von Bertolt Brecht (1898–1956). Uraufführung 25. 9. 1926 im Hessischen Landestheater, Darmstadt.

»dass man nirgendwo … Städte«: Briefe an mich selber. Der erste Brief, S. 139.

»nicht übertreiben«: ebd.

10 Monolog in der Badewanne

Herz auf Taille, I, S. 55 f. Erstdruck: *Herz auf Taille.* Curt Weller & Co., Leipzig/Wien 1928.

12 Die missglückte Auferstehung

Die Entlarvung des Osterhasen, Geschichten und Gedichte. Hrsg. von Sylvia List. Atrium Verlag, Zürich 2013, S. 44–47. Erstdruck: *Leipziger Tageblatt,* Jg. 118, Nr. 96, 20. 4. 1924, und *Neue Leipziger Zeitung,* Jg. 4, Nr. 111, 20. 4. 1924.

16 Franz Augustin wird Millionär

Onkel Franz wird Millionär und *Die Villa am Albertplatz* (Auszug, gekürzt), in: *Als ich ein kleiner Junge war,* VII, S. 108–119. Erstdruck: *Als ich ein kleiner Junge war,* Roman. Atrium Verlag, Zürich 1957.

Hechtstraße: in Dresden-Neustadt.

Friedrich August III. von Sachsen: 1865–1932, regierte in Sachsen von 1904 bis zu seiner Abdankung im November 1918.

Das Büro … hieß noch Comptoir: Das Büro schrieb sich damals noch Bureau. Die eingedeutschte Schreibweise setzte sich erst in den 1920er-Jahren durch, ebenso wie Kontor für Comptoir.

von der Pfund'schen Molkerei: Pfunds Molkerei, gegründet 1879 von Paul Gustav Leander Pfund, um Dresden mit frischer und hygienisch einwandfreier Milch zu versorgen. Die Firma wuchs rasch; ihr repräsentativer Hauptbau in der Bautzener Straße 79 entstand bereits 1891. Im Erdgeschoss, unter den Kontorräumen, lag der Laden, der ganz und gar mit von Dresdner Künstlern im Stil der Neorenaissance entworfenen Fliesen ausgekleidet wurde. Der Laden überstand den Zweiten Weltkrieg unversehrt, gilt als der schönste Milchladen der Welt und ist heute eine der großen Touristenattraktionen Dresdens.

Kumtlampe: Lämpchen am Kumt (oder Kummet), dem gepolsterten Bügel um den Hals des Pferdes.

31 Das Lied vom feinen Mann

Lärm im Spiegel, I, S. 89 f. Erstdruck: *Der Querschnitt,* Jg. 8, H. 12, Dezember 1928, mit kleinen Textabweichungen.

Auch frag ich nur bei edlen Frauen an: Abwandlung eines Zitats aus Goethes Schauspiel *Torquato Tasso:* »Willst du genau erfahren, was sich ziemt, / so frage nur bei edlen Frauen an« (II, 1).

Fein oder nicht fein, das ist hier die Frage: Anspielung auf das berühmte *Hamlet*-Zitat »Sein oder Nichtsein, das ist hier die Frage« (III, 1; Übersetzung Schlegel und Tieck, bei Shakespeare »To be or not to be: that is the question.«).

Mein Herz ist häufig nicht besonders rein: Anspielung auf das Kindergebet »Ich bin klein, / mein Herz ist rein, / soll niemand drin wohnen / als Jesus allein«.

33 Wiegenlied für sich selber

Lärm im Spiegel, I, S. 74 f. Erstdruck: *Die Weltbühne,* Jg. 24, Nr. 47, 20. 11. 1928.

36 Melchior hat Pech bei Frauen

Jugend, Jg. 34, Nr. 37, 7. 9. 1929. Erstdruck unter dem Titel *Der Gegendienst: Die Gro-*

ße Welt, Jg. 1, H. 6, September 1924, unter dem Pseudonym Peter Flint. Für den Wiederabdruck nach fünf Jahren hat Kästner die Geschichte noch einmal überarbeitet; von einer Streichung (s. u.) abgesehen, zum Vorteil des Ganzen.

soignierten: gepflegten.

Melchior nickt willenlos: So im Erstdruck. Wieder eingefügt, um die Dialogsführung wieder plausibler zu machen.

jetzt müssen wir die Karten tauschen: Aufforderung zum Duell.

Soupieren: zu Abend essen.

42 Der Geizhals geht im Regen

Ein Mann gibt Auskunft, I, S. 151. Erstdruck: *Vossische Zeitung,* Nr. 95, 20. 4. 1930.

»Ora et labora!«: lat., »Bete und arbeite!«, Leitspruch des Benediktinerordens.

Lietzensee: im westlichen Berlin-Charlottenburg.

44 Arthur spricht ein Fräulein an

Erstdruck: *Neue Revue,* Jg. 2, H. 9, November 1930. Der Text spiegelt deutlich die schwierige wirtschaftliche und politische Lage Deutschlands Ende 1930.

Ploch, der in rostfreien Kochtöpfen reist: Ploch ist nicht etwa in merkwürdigen Verkehrsmitteln unterwegs, sondern reist als Vertreter für rostfreie Kochtöpfe.

46 Präludium auf Zimmer 28

Herz auf Taille, I, S.44f. Erstdruck: *Herz auf Taille.* Curt Weller & Co., Leipzig/Wien 1928.

48 Es gibt noch Don Juans

Der Herr aus Glas, Erzählungen. Hrsg. von Sven Hanuschek, Atrium Verlag, Zürich 2015, S.151–157. Erstdruck dieser – überarbeiteten – Fassung: *Kurze Geschichten und Kurzgeschichten,* in: *Gesammelte Schriften,* 7 Bände. Atrium-Verlag, Zürich/Kiepenheuer & Witsch-Verlag, Köln/Cecilie Dressler-Verlag, Berlin 1958, Bd.2. Erstdruck der Originalfassung: *Berliner Tageblatt,* Jg.59, Nr.88, 21.2.1930, Abendausgabe.

Libertinertum: von frz. »libertin«: zügellos, leichtfertig, ausschweifend.

Douglas Fairbanks: 1883–1939, berühmter Hollywood-Stummfilmstar der 1920er Jahre, verkörperte vor allem Abenteurer und Draufgänger, z.B. in: *Das Zeichen des Zorro (The Mark of Zorro,* 1920), *Die drei Musketiere (The Three Musketeers,* 1921), *Robin Hood* (1922) und *Der Dieb von Bagdad (The Thief of Bagdad,* 1924).

55 Nachtgesang des Kammervirtuosen

Herz auf Taille, I, S.33. Erstdruck: *Das Stachelschwein,* Jg.2, H.21, Mitte November 1925. Mit der erotischen Zeichnung von Erich Ohser und unter dem Titel *Abendlied des Kammervirtuosen* erstmals abgedruckt in: *Plauener Volkszeitung,* 11.3.1927, und etwa zeitgleich in: *Der Bumerang.* Zeitschrift der Studierenden der Akademie für Graphische Künste und Buchgewerbe, Leipzig, März 1927. Die rechtsstehenden *Leipziger Neuesten Nachrichten* nahmen Beethovens 100. Todestag am 26.3.1927 zum Anlass, wegen des frechen Gedichts (»Du meine Neunte letzte Sinfonie!«) und der noch frecheren Illustration einen Skandal zu inszenieren, in dessen Folge Kästner zwar seinen Posten als Redakteur der *Neuen Leipziger Zeitung* verlor, dann aber als freier Journalist und Autor nach Berlin ging und berühmt wurde.

Händel: Georg Friedrich Händel, 1685–1759, einer der bedeutendsten Barockkomponisten.

Graun: Carl Heinrich Graun, 1701/1703/1704–1759, vielseitiger Musiker und Komponist. Graun war Friedrich dem Großen (Friedrich II. von Preußen) seit dessen Kronprinzenzeit verbunden, komponierte für ihn Flötensoli und wurde von ihm mit der Errichtung einer Oper in Berlin beauftragt, für die er in der Folgezeit über 30 Werke komponierte.

Lider ohne Worte: Anspielung auf Felix Mendelssohn-Bartholdys Klavierwerk *Lieder ohne Worte* (1830 – 1845).

56 Ein Rechtsanwalt hat nichts dagegen
Erstdruck: *Der Gang vor die Hunde*, Roman. Hrsg. von Sven Hanuschek, Atrium Verlag, Zürich 2013, Zweites Kap. (Auszug), S. 15–20. Mit einigen Textabweichungen bereits in: *Fabian. Die Geschichte eines Moralisten*, Roman. Deutsche Verlags-Anstalt, Stuttgart/Berlin 1931.
Megäre: böses Weib, Furie.

63 Marionettenballade
Herz auf Taille, I, S. 41. Erstdruck: *Die Große Welt*, Jg. 1, H. 2, Mai 1924, S. 70, unter dem Pseudonym Khasanova. Dieses seltsame Pseudonym – irgendwo zwischen Casanova und Dschingis Khan – verwendete Kästner relativ häufig in seiner Leipziger Anfangszeit.
Böcklin: Arnold Böcklin, 1827–1901, Schweizer Maler, berühmt für die leuchtkräftigen Farben seiner Bilder, die häufig Götter und Fabelwesen in südlicher Landschaft darstellen.

65 Stehgeigers Leiden
Nachlese, I, S. 244f. Erstdruck: *Die Weltbühne*, Jg. 28, Nr. 48, 29. 11. 1932.

67 Verkehrt hier ein Herr Stobrawa?
Der Herr aus Glas, S. 121–124. Erstdruck: *Berliner Zeitung am Mittag*, Jg. 52, Nr. 70, 10. 3. 1928, unter dem Titel *Verkehrt hier Herr Stobrawa?*. Für den Abdruck in *Gesammelte Schriften*, Bd. 2, hat Kästner den Text geringfügig überarbeitet.
dem Alten Fritz nachgemacht: dem Gesicht des alten Friedrich II. von Preußen ähnlich.

70 Zweikampf auf Umwegen
Zu treuen Händen, 2. Akt (gekürzt), V, S. 365 f. Erstdruck in Buchform: *Gesammelte Schriften*, Bd. 4. Das Stück wurde am 16. 9. 1949 am Düsseldorfer Schauspielhaus uraufgeführt. Der Verfasser nannte sich Melchior Kurtz. Das Bühnentyposkript – unter demselben Pseudonym – war 1948 im Chronos-Verlag Martin Mörike, Hamburg, erschienen.

72 Hotelsolo für eine Männerstimme
Nachlese, I, S. 233. Erstdruck: *Die Weltbühne*, Jg. 28, Nr. 45, 8. 11. 1932.

73 Sentimentale Reise
Herz auf Taille, I, S. 32. Erstdruck: *Herz auf Taille*, 2. Aufl., Curt Weller & Co., Leipzig/ Wien 1929. Die zweite Auflage erschien ohne die acht ganzseitigen Illustrationen

Erich Ohsers, die bei den leitenden Herren des Börsenvereins des Deutschen Buchhandels heftigen Anstoß erregt hatten. Kästner ersetzte sie durch die gleiche Anzahl neuer Gedichte.

75 Papa Külz isst einen Aufschnitt

Papa Külz isst einen Aufschnitt (gekürzt), in: *Die verschwundene Miniatur*. IV, S. 183–191. Erstdruck: *Die verschwundene Miniatur, oder auch Die Abenteuer eines empfindsamen Fleischermeisters*, Roman. Atrium-Verlag, Basel/Wien/Mährisch-Ostrau 1936.

Lauter Fleischer: Vorbild dieser Fleischersippe war Kästners Familie. Alle sieben Brüder seiner Mutter Ida Augustin waren Fleischer.

Altdeutsche: eine spezielle Sorte Bockwurst, die Kästner aus seiner Dresdner Kinderzeit kannte und sehr schätzte.

Wurstspeiler: kleines Holzstäbchen, mit dessen Hilfe man das Wurstende verschließt.

85 Der Handstand auf der Loreley

Gesang zwischen den Stühlen, I, S. 182 f. Erstdruck: *Die Weltbühne*, Jg. 28, Nr. 20, 17. 5. 1932. Kästner spielt an auf Heinrich Heines Gedicht *Ich weiß nicht, was soll es bedeuten*, das 1838 von Friedrich Silcher vertont und zum Volkslied wurde.

87 Arthur ärgert alle Leute

Erstdruck: *Simplicissimus*, Jg. 35, Nr. 26, 22. 9. 1930. Die Schilderung der Autobusfahrt ist weitgehend identisch mit dem Schluss des 4. Kapitels von *Der Gang vor die Hunde*. In der vom Verlag gekürzten ersten Druckfassung dieses Romans – *Fabian*, erschienen 1931 – fehlt diese Episode. *Schleier*: Hutschleier, meist aus Tüll.

93 Brief eines nackten Mannes

Lärm im Spiegel, I, S. 106–107. Erstdruck: *Das Leben*, Jg. 2, H. 22, März 1925, unter dem Pseudonym Philipp Seidelbast und unter dem Titel *Faksimile eines Briefes, den der Bauer Aloys M. an seine Frau schrieb* (in deutscher Schreibschrift auf dem Briefpapier des Hotels Zur roten Ampel. Besitzer: Gustav Engelhorn).

95 Herr Schulze und Herr Tobler

Herr Schulze und Herr Tobler (Auszug), in: *Drei Männer im Schnee*, IV, S. 17–22. Erstdruck: *Drei Männer im Schnee*, Eine Erzählung. Rascher & Cie, Zürich 1934.

Sterbender Gallier: um 230/220 v. Chr. entstandene ausdrucksvolle Skulptur, vermutlich aus Bronze, die im Athena-Heiligtum in Pergamon stand. Bekannt ist die Marmorkopie in den Kapitolinischen Museen in Rom.

Dornauszieher: ein antikes Motiv der Bildenden Kunst, insbesondere der Bildhauerei. Es handelt sich um einen nackten Knaben, der sich einen Dorn aus dem linken Fuß zieht. Am bekanntesten ist der *Kapitolinische Dornauszieher*, eine Bronzeskulptur im Konservatorenpalast in Rom.

Gehpelz: langer Pelzmantel (im Gegensatz zum halblangen Fahrpelz).

gelötete Schlipse: Fertigkrawatten an einem dünnen Halsband, das unter dem Hemdkragen befestigt wird.

103 Bilanz per Zufall

Gesang zwischen den Stühlen, I, S. 215 f. Erstdruck: *Die Weltbühne*, Jg. 28, Nr. 25, 21. 6. 1932.

105 Das lebensgroße Steckenpferd

Die kleine Freiheit, II, S. 213–215 (Auszug). Erstdruck: *Die Weltwoche*, Zürich, Jg. 20, Nr. 967, 23. 5. 1952. Die Verbannung seines Vaters in den Keller hat Kästner später auch im 9. Kapitel von *Als ich ein kleiner Junge war* beschrieben.

um die siebzig: Emil Kästner wurde 1867 geboren. Die Geschichte dürfte sich demnach in den Jahren zwischen 1935 und 1938 zugetragen haben.

»6 mal 9«: 6 cm x 9 cm. Neben 6 cm x 6 cm das gängigste Fotoformat in jenen Jahren.

Rosinante: Pferd des Don Quijote.

108 Der Kümmerer

Nachlese, I, S. 245 f. Erstdruck dieser Fassung: *Doktor Erich Kästners Lyrische Hausapotheke. Ein Taschenbuch.* Atrium-Verlag, Basel/Wien/Mährisch-Ostrau 1936. In der Erstfassung (in: *Die Weltbühne*, Jg. 28, Nr. 3, 19. 1. 1932) hatte das Gedicht 12 Strophen. Im Zuge der Überarbeitung strich Kästner die Strophen 5, 6 und 9.

Kümmerer: Aus Kästners Sicht einer, der sich kümmert, der ansonsten aber eher kümmerlich ist, weil möglicherweise einiges bei ihm verkümmert ist (in der Weidmannssprache wird ein Hirsch, der im Brunststreit die Hoden verloren hat, als Kümmerer bezeichnet).

Clärchen war dem Egmont treu: Anspielung auf Goethes Trauerspiel *Egmont* (1788). Das Bürgermädchen Clärchen verliebt sich in den Freiheitskämpfer Egmont, »doch der war meist mit Heldentum beschäftigt«. Währenddessen hilft ihr Verlobter Brackenburg, der »Kümmerer«, im Haushalt. *Egmont* wird kaum mehr gespielt; was man noch kennt, ist Clärchens Lied (III, 2. Bild), zumindest Teile davon: »Himmelhoch jauchzend / zum Tode betrübt, / glücklich allein / ist die Seele, die liebt«.

110 Ferdi Kulp, der Strolch auf Widerruf
Der Herr aus Glas, S. 117–120. Erstdruck: *Beyers für Alle*, Romanzeitung, Jg. 2, H. 20, 16. 2. 1928.
Douglas Fairbanks: siehe Anm. zu *Es gibt noch Don Juans*.

114 Ein Donnerstag bei Onkel Ringelhuth
Es war am 35. Mai (Auszug), in: *Der 35. Mai, oder Konrad reitet in die Südsee*. VII, S. 549–554. Erstdruck: *Der 35. Mai, oder Konrad reitet in die Südsee*, Roman für Kinder. Williams & Co., Berlin-Grunewald 1932.
Nudeln mit Hering … Reis mit Sacharin: Im Wintersemester 1921/22 in Berlin hatte der Student Erich Kästner in der Mensa ähnliche »Köstlichkeiten« essen müssen.

121 Kleine Besäufnis
Erstdruck: *Jugend*, Jg. 34, Nr. 12, 16. 3. 1929.

123 Abschied von Salzburg
Der Abschied (Auszug), in: *Der kleine Grenzverkehr*, IV, S. 424–428. Erstdruck: *Georg und die Zwischenfälle*, Roman. Atrium-Verlag, Basel/Mährisch-Ostrau 1938.
Fiasco Chianti: Chianti in der früher typischen Flasche, unten oval gebaucht und strohummantelt, mit verlängertem Flaschenhals, wird aus Kostengründen und wegen des weniger wirtschaftlichen Massentransports kaum noch hergestellt.
Prälatenwein: für die geistlichen Würdenträger bestimmter Wein.
Hic habitat felicitas!: lat., Hier wohnt das Glück. »Hic habitat felicitas, nihil intret mali« / »Hier wohnt das Glück, nichts Schlimmes trete ein«. Mosaikspruch in der Eingangshalle einer römischen Villa, die 1842 bei Ausgrabungen am Mozartplatz in Salzburg gefunden wurde, als man dort das Mozartdenkmal aufstellen wollte. Im antiken Pompeji rahmt der Spruch »Hic habitat felicitas« an einer Hauswand ein Phallusrelief ein – wahrscheinlich als Hinweis auf ein Bordell.
Raimund: Ferdinand Raimund, 1. 6. 1790 bis 5. 9. 1836 (Wien), Bühnenautor und Schauspieler, Meister des heiteren Wiener Volksstücks: *Der Bauer als Millionär* (1826), *Der Alpenkönig und der Menschenfeind* (1828), *Der Verschwender* (1833).
Nestroy: Johann Nestroy, 7. 12. 1801 (Wien) bis 25. 5. 1862 (Graz), Bühnenautor und Schauspieler. In seinem Humor bissiger und schärfer als Raimund, schrieb er weit über 60 Possen und Sittenstücke

mit Gesangseinlagen und witzigen Dialogen, z. B. *Der böse Geist Lumpazivagabundus* (1833), *Zu ebener Erde und im ersten Stock* (1835), *Einen Jux will er sich machen* (1842), *Der Zerrissene* (1844).

130 Fauler Zauber

Ein Mann gibt Auskunft, I, S. 161 f. Erstdruck: *Die Weltbühne*, Jg. 25, Nr. 17, 23. 4. 1929.

132 Ein Menschenleben

Der Herr aus Glas, S. 9–12. Erstdruck: *Neue Leipziger Zeitung*, Jg. 3, Nr. 124, 6. 5. 1923.
Orchestrion: großer Musikautomat, der wie ein ganzes Orchester klingen sollte. Er wurde über Lochstreifen gesteuert, eine Erfindung der Fa. Welte in den 1880er-Jahren. Bei einem Orchestrion, das »rasselt«, dürfte es sich um ein altersschwaches Exemplar einfachster Ausführung handeln, ohne zusätzliche Raffinessen wie eingebaute Geigen u. dergl. Mit der Erfindung des elektrischen Schallplattenspielers 1926 wurden die Orchestrien überflüssig.
»Aus der Jugendzeit!«: 1859 veröffentlichte Vertonung des gleichnamigen Gedichts von Friedrich Rückert (Erstdruck 1831) durch Robert Radecke (1830–1911). Radecke verkürzte den Text und formte ihn

so zu einem nostalgisch-verklärenden Rückblick auf die Jugendzeit. Das Lied wurde rasch populär und fand Eingang in zahlreiche Liedsammlungen für Schulen und Verbände aller Art – christliche Vereine, Wandervogel wie Deutschnationale (s. http://www.liederlexikon.de/lieder/aus_der_jugendzeit).
Auch ein Hundertmarkschein: 1923 herrschte Inflation; auch hundert Mark waren kaum etwas wert.

136 Apropos, Einsamkeit!

Herz auf Taille, I, S. 48 f. Erstdruck: *Das Tage-Buch*, Jg. 8, H. 51, 17. 12. 1927.
Brom: übel riechendes chemisches Element aus der Familie der Halogene, ruft beim Einatmen und bei Hautkontakt starke Verätzungen hervor. Verwendung: zur Synthese von Arzneimitteln, wie z. B. Narkosemitteln, als Zusatz bei Feuerlöschern, zur Herstellung von Farbstoffen und zum Bleichen von Textil und Papier.

138 Briefe an mich selber. Der erste Brief

Der Herr aus Glas, S. 202–205. Erstdruck: *Gesammelte Schriften*, Bd. 2. Im Katalog der Ausstellung *Die Zeit fährt Auto* ist die erste Manuskriptseite abgebildet (Manfred Wegner [Hrsg.], *Die Zeit fährt Auto*. Erich

153

Kästner zum 100. Geburtstag. DHM, Berlin/Münchner Stadtmuseum, München 1999, S. 135.) Sie lässt erkennen, wie intensiv Kästner an diesem Text gearbeitet hat.

mit einer Haut aus Härte und Kälte überzogen: Dieser Selbstvorwurf erinnert an die Vorhaltungen, die Baron Lamotte in *Der Zauberlehrling* Mintzlaff macht: »Sie waren einmal ein empfindsamer Mensch [...]. Sie errichteten zwischen sich und dem Leben eine chinesische Mauer aus unzerbrechlichem Glas [...]. Sie haben Ihre Seele amputiert« (III, S. 261).

bei einer Flasche Feist: aus der 1828 in Frankfurt am Main gegründeten Feist-Sektkellerei. Nach mehrfachem – vermutlich erzwungenem – Besitzerwechsel in der NS-Zeit firmierte das Unternehmen ab 1941 als Feist-Belmont'sche-Sektkellerei AG (heute Feist-Belmont'sche Sektkellerei GmbH in Trier).

142 ***Alter Herr, anno 1970***
Nachlese zur Nachlese, I, S. 352 f. Erstdruck: *Neue Leipziger Zeitung,* Jg. 13, Nr. 18, 18.1.1933. Dieses kurz vor Hitlers Machtergreifung entstandene Gedicht diente Kästner als Vorlage für den Kabarett-Text *Ein alter Herr* geht vorüber, den *Die Schaubude* im Juli 1946 in ihrem 3. Programm aufführte.

Menetekel: unheildrohendes Zeichen. Nach den von Geisterhand geschriebenen Worten »mene tekel upharsin«, die dem babylonischen König Belsazar das Ende seiner Herrschaft und seines Reichs ankündigten (*Daniel* 5.25).

Dank

Alle Jahre wieder: Mein steter Dank gilt Johan Zonneveld, der mir so verlässlich hilft, wenn ich ihn um lesbare Druckvorlagen für die nicht in Buchform vorliegenden Texte bitte.

Erich Kästner, 1899 in Dresden geboren, begründete gleich mit zwei seiner ersten Bücher seinen Weltruhm: *Herz auf Taille* (1928) und *Emil und die Detektive* (1929). Nach der Machtübernahme der National- sozialisten wurden seine Bücher verbrannt, sein Werk erschien nunmehr in der Schweiz im Atrium Verlag. Erich Kästner erhielt zahlreiche literarische Auszeichnungen, u. a. den Georg-Büchner- Preis. Er starb 1974 in München.

Sylvia List arbeitete als Verlagslektorin, Redakteurin und Überset- zerin. Seit einigen Jahren ist sie Herausgeberin von Anthologien mit bekannten und unbekannten Texten Erich Kästners, u. a. *Meine Mutter zu Wasser und zu Lande, Morgen, Kinder, wird's nichts geben!, Zwi- schen hier und dort, Meine Katzen, Goethe und die Schrebergärtner, Inter- view mit dem Weihnachtsmann, Sonderbares vom Kurfürstendamm, Man schwitzt und fragt: Wann hört das auf?, Wer Kind bleibt, ist ein Mensch, Ver- lobung auf dem Seil* und *Hurra, Ferien!*.

Kästner verschenken, denn:

Wer Kind bleibt, ist ein Mensch
Von Kicherfritzen, dem vergesslichen
Christoph und anderen
Herausgegeben von Sylvia List
192 Seiten. Gebunden
14,00 € [D] / 14,40 € [A]
ISBN 978-3-85535-011-7

»Es gibt nichts Gutes
außer: Man tut es.«

Hurra, Ferien!
Herausgegeben von Sylvia List
176 Seiten. Gebunden
14,00 € [D] / 14,40 € [A]
ISBN 978-3-85535-026-1

ATRIUM
Der Erich Kästner Verlag